ママ美容師がサロンを変える！

共著／齋藤陽子・白尾瑞希
ホットペッパービューティーアカデミー

女性モード社

INDEX

はじめに 5

Introduction
ママ美容師が安心して働ける環境づくりをしたサロンの声 6

column オーナーの取り組みきっかけ
case 1　林 美千代さん[RizE]の場合 10

PART 1　ママを働きやすくする

01 ex-fa hair origin@滋賀県草津市
"ママだけ店舗"が生産性トップに。働きやすさと生産性の両立の秘訣とは? 12

02 MASHU ADOBE@大阪府東大阪市
「母業が第一」という企業の時短勤務プラン＆協力体制とは? 18

03 serio anjo@愛知県安城市
時短勤務で月260万スタイリストも。ママを応援する、制度や工夫がたくさん 24

04 MOK@大阪市北区
「きりもり上手な主婦が店長に最適!」と言い切るオーナーの取り組み内容とは? 30

05 RizE@広島市中区
女性スタッフの3名に1名がママ。キッズルームも備える仕組みとは? 34

06 Ramie@東京都中央区
逆算型の時短勤務体制で全員が「辞めたくない会社」に 38

07 BIGOUDI salon@大阪市北区
取り組み始めて21年。妊娠きっかけの離職がゼロに! 40

08 Daisy@福岡市中央区
働き方を選べる雇用体系、朝練習会……1店舗でもできる取り組みとは? 44

09 tip・top 吉祥寺店@東京都武蔵野市
17店舗中、女性店長は12名!　時短ママ店長も活躍するサロン 48

10 SNIPS CAOS@新潟市中央区
店長、副店長ともに時短ママ。デザイナー集団の工夫と強みとは? 50

11 アトリエ cocoanne@栃木県宇都宮市
創業53年のサロンの「ママサポート制度」とは? 54

12 dowku@仙台市泉区
年間95日以上の休日＆1店舗でも売上げUPする戦略とは？……………… 58

13 Natural@宮城県多賀城市
7名中4名がママ、日祝定休、夕方閉店、1店舗でも売上げは伸びる！………… 60

14 apish@東京都港区
復帰後のママの不安解消！本人の希望を最優先した働き方 ………………… 64

15 ROUGE（Blanc）@東京都豊島区
産休中の売上げ還元や子連れ出勤もOKなママ支援策！ ……………………… 68

16 Ange Lavie@東京都豊島区
保育料の一部負担で不安なく働き続けられるように ………………………… 72

> **column** オーナーの取り組みきっかけ
> case 2　西 靖晃さん[formage]の場合 ……………………………………… 74

PART 2 ほかのスタッフも働きやすくする

01 pikA icHi@熊本市中央区
ママでも売上150万円を稼げる！「働きたいサロンNo.1」を目指す経営 ………… 76

02 formage@神戸市中央区
360度評価システムに、社員会など、ユニークな制度満載の理由とは？……… 82

03 Acotto@東京都世田谷区
ママスタイリストのキャリアをフルに活かす経営 ……………………………… 86

04 花やの前の美容室 甲斐篠原店@山梨県甲斐市
残業させないシステム、生産性の向上……職人的体制を変えるための取り組み… 88

05 one's by bico@札幌市中央区
短時間で売上げが上がるトレーニングで美容師を貯金と未来のある仕事に！…… 92

06 HAIR TIME rest@大阪府高槻市
「ママ会」「妻会」「オトナ会」……女性スタッフの声を経営に活かすワザとは？……… 96

07 JILL BY GIEN@大阪府都島区
7年間で退職はたったの2名のみ！　不満を生まない"風土づくり"とは？……… 98

08 HAIR COPAIN@熊本市中央区
結婚・出産でも100％戻ってくる、「ゴレンジャー理論」とは？………………… 102

column	オーナーの取り組みきっかけ
	case 3 　寺田健太郎さん[MOK]の場合 ……………………………………104

お客さまを大切にする

01 JUNES HARAJUKU@東京都渋谷区
スタッフの不安を解消する3つの仕組みで産休後の復職100%へ………106

02 little ginza@東京都中央区
柔軟にルールを変えながら働きやすさを常に追求 ………………………112

03 kakimoto arms 六本木ヒルズ店@東京都港区
産後復帰ゼロからママ18名に。週1日勤務も可能な制度とは？ ………114

04 L-Blossom 常盤台店@東京都板橋区
ベテラン女性スタッフだからこそ大人客が集まりやすく …………………118

05 kapua@岐阜県岐阜市
ママを全員でフォローし、お客さまをサロンのファンにする取り組み………120

06 MerryLand 自由が丘@東京都世田谷区
急な欠勤でもお客さまに迷惑をかけない万全のフォロー体制づくり………124

column	オーナーの取り組みきっかけ
	case 4 　伊藤博之さん[Natural]の場合 ……………………………126

産休・育休・復帰後の労務マメ知識

その1 正確な「産休」「育休」のルール ……………………………………128

その2 産休・育休中のスタッフの手当は「社会保険」次第 ………………132

その3 育児で早く帰るスタッフは、パートにしてもいい？ …………………137

\# タグ索引 ………………………………………………………………………140
おわりに …………………………………………………………………………143

はじめに

私たちホットペッパービューティーアカデミーが、未来につながる業界課題の解決に取り組む「未来会議」を立ち上げたのは、2015年4月。また、その活動のメインテーマである「女性活躍」を考える中で、「まずは『女性が長く働ける取り組みをしているサロン』をたくさん見つけよう」と取材をはじめたのが、2015年5月でした。

それから約1年半、全国で70を超えるサロンさまを取材させていただきました。そして取材を通して、「スタッフに長く働いてもらいたい」という想いを持ち、創意工夫を重ねる多くのオーナーと出会いました。その話の中には、取り組んだ結果、ママ自身が活躍することはもちろん、「新しい『ママのお客さま』が増えた」「若いスタッフが辞めなくなった」「採用力が上がった」といった話も。実際、私たちが行なった調査によると、「女性のお客さまの中で『女性美容師を希望する方』は『男性美容師を希望する方』の3倍」という結果や、美容専門学校生に聞いた調査では「学生の半数近くが働きたいサロンの要素として『結婚・出産しても続けられる』ことを挙げている」といった事実もあります。このように女性が長く働けるサロンになることで、スタッフが働きやすくなること以外に、経営上のメリットも、結果として多く生まれていることが分かってきました。

一方で、仕事でお会いする多くのサロンオーナーから、「スタッフが結婚を機に辞めてしまい人手が足りない」「もうすぐ結婚するスタッフがいて何かしてあげたいが、どうしていいか分からない」といった悩みを聞く機会も増えてきました。

そんな悩みを持つオーナーたちに、すでに先陣を切って取り組んでいる先輩サロンの取り組みを紹介したい、そう思ったのが本書をつくろうと決めたきっかけでした。

ぜひ本書をお読みいただき、それぞれのオーナーが工夫を重ねて行きついた取り組み内容を参考にしていただき、またそこから伝わってくるオーナーの想いも感じていただければと思います。

ホットペッパービューティーアカデミー
主席研究員
齋藤陽子

> **Introduction**

ママ美容師が安心して働ける環境づくりをしたサロンの声

女性美容師がママ美容師になるとき、サロンとしてどんな支援ができるのでしょうか。
またどんな効果が期待できるのでしょうか。ママ美容師当人だけでなく、
実はサロン全体にもうれしい効果が待っています。
まずは、そんな効果を実感したサロンの声から聞いてみましょう。

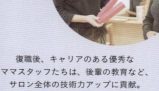

ママ美容師という、
ベテラン美容師が揃っているので、
年間6〜7回来店される
VIPのお客さまが多く、
固定再来率は90%ほどです。

『ex-fa』
代表取締役・福井健記さん
➡ check! P.12

復職後、キャリアのある優秀な
ママスタッフたちは、後輩の教育など、
サロン全体の技術力アップに貢献。
お客さまの満足度も高めており、
**利益以上の価値を
会社にもたらしてくれています。**

『MASHU』
取締役 企画広報部長・前田晴代さん
➡ check! P.18

スタッフの定着率がアップしました。
顧客満足や優秀な人材の確保にも
つながっています。

『serio』
広報／企画・鈴木麻葉さん
➡ check! P.24

「manage」の語源は「きりもりする」。
「きりもり」と言えば主婦がたけている力です。
スタッフや店舗の売上げを管理する
**店長職には
主婦がいちばん向いています。**

『MOK』
オーナー・寺田健太郎さん
➡ check! P.30

6店舗中4店舗は43歳の女性が
メインターゲット。リピート率100%を目指す中、
ターゲット層のお客さまの悩みに共感できる
同世代の女性スタッフが多いことは
説得力が増し、顧客満足にもつながっています。

『BIGOUDI salon』
代表取締役社長・古味卓也さん
➡ check! P.40

ママ美容師が希望する働き方ができるので、
優秀な人材の離職を防げています。
また子どもの話ができるため、
子育て中のお客さまとの共通の会話もでき、
顧客満足度を高めています。

『Daisy』
オーナー・松田秀則さん
➡ check! P.44

経営者目線で見れば、
少子化で美容師もどんどん減っている中で、
**女性が結婚を機に辞めていってしまうような
会社はすぐに淘汰されてしまう。**

『GARDEN』
代表取締役・加藤敏行さん
➡ check! P.38

取り組みをはじめた3年前から、
**妊娠・出産がきっかけで
退職したスタッフはゼロ。**
サロンにとっても離職防止に
大きな効果をもたらしています。

『ビューティアトリエ』
取締役サロンサポート部部長・飯塚悦子さん
➡ check! P.54

与えられた環境に甘えるのではなく、
スタッフみんなが仲間であるママスタッフのために勉強して
「会社をもっと良くしよう」と頑張ってくれるように。
離職率はぐんと下がり、経験や技術のあるママスタッフが
辞めないことで会社としても成長しています。

『ROUGE』
取締役・岩木 淳さん
➡ check! P.68

休日が多いという好条件のため
良い人材の確保ができています。
最初の1年は我慢でしたが、2年目からは
その前の10年間よりも**業績がアップ。**
『dowku』
オーナー・工藤欣弘さん
➡ check! P.58

時短勤務の中で与えられた職務をこなす
**ママスタッフたちは、
時間の使い方が上手で
仕事のスピードも速い。**
他のスタッフにとって
良い手本となり、生産性や売上げ向上など
サロンの成長にもつながっている。
『GIEN』
代表取締役・井上光治さん
➡ check! P.98

「ママスタイリストはママである前に、
技術、接客ともキャリアが秀でた人材」。
時短勤務により、ママスタイリストたちの
お客さまが減ったとしても、
彼女たちの教育によって若手が早く成長することで、
結果的に店舗全体がボトムアップしています。
『Acotto』
代表・千原 篤司さん
➡ check! P.86

サポートへの感謝を働きぶりで表す
ママスタッフの姿勢が
他のスタッフの共感を生み、
スタッフの結びつき・協力体制が
さらに強固になりました。
『JUNES』
代表・BOWEさん
➡ check! P.106

**ベテランスタッフの存在により、
40〜50代のお客さまも多数ご来店。**
『Bee-Ms HAIR』
エリア統括マネージャー・棚橋晃也さん
➡ check! P.120

お客さまの中心が女性だから、
お客さまが何を求めているか理解できるのも女性。
さらに、女性は決められた枠の中で
マルチタスクをこなす能力にたけています。
子どもができると、それがさらにパワーアップ！

『pikA icHi』
代表・内田善久さん
➡ check! P.76

250名いるスタッフのうち4割が女性。
労働人口が減少しているなかで、
出産後に復職できる道をつくることは、
経営の面でも重要です。

『little ginza』
オーナー・松本 平さん
➡ check! P.112

30代の安心感のあるスタイリストの存在自体が
お店の雰囲気や格をつくる上で
大きなメリットになっている。
よほどのことがない限り辞めない、
「信頼できる」スタッフを得ることにも
つながっています。

『MerryLand』
サロンマネージャー・MAKI さん
➡ check! P.124

このように、ママ美容師がサロンに与える影響は絶大です。次ページからはじまる30の
サロンの取り組みは、その具体的な事例です。PART1では"ママ美容師が働きやすい"
取り組み、PART2では"他のスタッフも働きやすい"取り組み、PART3では"お客さまを
大切にする"ための取り組みを紹介しています。ママ美容師がいたからこそ生まれたアイ
デアと、その結果サロンにもたらしたうれしい効果を見ていきましょう。

column
オーナーの取り組みきっかけ

取り組みはじめたオーナーのきっかけはさまざま。自分自身が出産・育児の大変さを経験して、「自分のような苦労はさせたくない！」と思った『RizE』オーナー林さんのケース。

case 1
林 美千代さん [RizE] の場合

あきらめさせない

2児の子育てをしながらサロン経営をしてきたママスタイリスト。両立の大変さはわかってる

子どもができたんです。仕事続けたいけど、やっぱ無理かなぁとか…

どうしたら…

だいじょうぶよ‼

働き方は選べるわ！話し合いましょとことんサポートするから

お母さんになる人生、あきらめないで！だって、あなたのかわりにその子を産める人はいないもの

まかせて！

ハイ‼

『RizE』の取り組み内容はP.34へ！

PART

1

ママを
働きやすくする

まずは知っておきたい、
ママ美容師自身が働きやすい制度や
環境づくりの取り組みについての事例を紹介します。
取り組みはじめたきっかけはさまざま、
サロンの立地や規模によって内容もさまざまです。
まずはここからはじめましょう！

ex-fa hair origin
@滋賀県草津市

#全スタッフ11〜50名　#3〜5店舗
#産休　#育休　#時短勤務
#経済的補助あり　#選べる雇用・勤務形態
#キャリア　#ママのみサロン

"ママだけ店舗"が生産性トップに。
働きやすさと生産性の両立の秘訣とは？

滋賀県内に5店舗を展開する『ex-fa』は、トータルビューティを提供するサロン。2014年、ママ美容師による『ex-fa hair origin』がオープンしました。「スタッフの幸せをつくることが会社の使命」と話す代表取締役の福井さんに会社の取り組みについて聞きました。

▶代表取締役に interview

『ex-fa』代表取締役の
福井健記さん。

Q. 至れり尽くせりのキャリアサポート制度を設けた理由は？

A. 仲間の成長を応援したい。
それが会社の成長につながるから

　会社の使命は、「仲間の幸せとお客さまの幸せをつくること」だと考えています。スタッフみんなに自己実現してほしい。男女関係なく、頑張っているスタッフであれば、応援していきたいのです。もちろん何でも良いというわけではなく、美容と健康に関することで、お客さまに喜んでもらえることに限られますが。スタッフが新しい技術を習得して、それをサロンワークに生かせれば、会社の業態も広がります。つまり、スタッフの成長は会社の成長につながるのです。

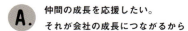

Q. 今後、女性活躍のために取り組みたいことは？

A. 介護のための休暇を
フォローする制度をつくりたい

　ベテランのママ美容師さんたちはそろそろ育児も落ち着いて、今度は親の介護をする世代になってきています。そうなると病院の付添いや家事の手伝いなど、休みをとらなければいけないことも多くなるはずです。会社として、そこをフォローしてあげられる取り組みを考えていきたい。介護支援取組助成金など国からの助成を生かして、介護休暇に関しては、補助が出るような制度をつくれればと。みんなにできるだけ長く勤めてもらいたいと思っているので、辞めずに続けられる環境をこれからさらに整えていきたいです。

PART 1　ママを働きやすくする

PICK UP 1
子育て中のスタイリストを集めた
ママ美容師サロンをオープン

子どものための休みや早上がりを、みんなでカバーし合うのは当然のこと。育児の苦労を共感し合えるママスタッフ同士、良い協力態勢が築かれている。

背景とメリットは？

　勢いのある若い世代のスタッフと、家庭を大事にしたいママスタッフとのギャップを懸念して考案。「バリバリ働く仲間たちの中では、ママさんが早上がりや休みの相談をしづらいのではないかと思って。それならば、ママ美容師を集めたサロンをつくってみるのはどうだろうと。同じ境遇の仲間と働くほうが、共感もできるし、気兼ねすることも減りますよね」と福井さん。実際に店舗ではスタッフ同士が協力し合って、子育てしながらも働きやすい環境を生みだしている。

　その上、1人あたり1時間の平均売上高はグループでトップを記録中。「ベテラン美容師が揃っているので、年間6〜7回来店されるVIPのお客さまが多く、固定再来率は90％ほどです。他店より営業時間が短く、アシスタントを置かない分スタッフ数も少ない。そういったことがこの結果につながっているのだと思います」(福井さん)。

どんな取り組み？

　サロン発祥の店舗を2014年にリニューアルし、ママさん美容師だけのサロンとしてオープンさせた。営業時間は9:00〜17:00で、他店よりも1〜2時間短め。保育園や学童クラブに預けた子どものお迎えにも、十分間に合う退社時間だ。スタッフは、子育て中のパパ店長と3名のママスタイリストのほか、第2子の産休に入ったママスタイリストも1名在籍している。

PICK UP
2

正社員の待遇を維持しながら勤務日や時間を自由に決められる準社員制度

どんな取り組み？

3年前、就業規則や賃金規定を整備した際に、準社員の制度を導入。技術・店販などの各種手当と、指名売上や店舗の生産性による歩合給、社会保険など、正社員の待遇を維持したまま、勤務時間や休日を自由に決めることができるようにした。ただし公休は正社員より少ない設定で、それ以外の休みや早上がりは、基本給から引かれるシステムだ。アシスタントの場合は指名の歩合給や技術手当などがつかないので、パートで働くほうが収入は多くなる。そのため、準社員制度の適用は、スタイリスト以上の役職に限られている。

背景とメリットは？

ママスタッフは当時4名いたが、それぞれ子どもの年齢も異なり、仕事へのスタンスもさまざま。「私はこう働きたい、というのがみんなバラバラでまとまらないんです。だったら自由度を上げれば良いかな、と。『時間も休みも自分の希望で決めてください、その代わり休んだ分は引かれます』というのが、シンプルでわかりやすいと思ったんです」と福井さん。その後、結婚をきっかけに準社員になるスタッフなども現れ、現在7名がこの制度を利用している。シングルマザーのスタッフも増えてきているので、今後はシングルマザー向けに扶養家族手当と住宅手当を取り入れる予定だ。

「パートから準社員になって、社会保険に入れたことがうれしかった」と、ママスタイリストの山野さん。

PART 1　ママを働きやすくする

PICK UP 3
実現したいことを応援するキャリアサポート制度でスタッフが長く働ける環境をつくる

どんな取り組み？

　福井さんや店長による毎月の面談で、スタッフ1人ひとりの実現したいことをヒアリング。スタイリストとして入社していても、本人が別の道を希望するなら、会社がその道を切り拓く手助けをする。たとえば、アシスタントの次のステップを、スタイリストとまつげエクステスタッフ、ネイリストから選べたり、スタイリストをしながらまつげエクステの勉強ができたり。技術習得のための講習費や教材費も、会社が補助をする。

スタッフの山野さんは、自己流だった着付を会社のサポートにより本格的に学べることに。「SPC JAPAN全日本理美容選手権全国大会」の振袖ヘア＆メイク＆着付部門で全国3位に入賞した。

背景とメリットは？

　同店では、「みんなが自己実現できる環境づくり」をビジョンの1つとして掲げている。その具体的な取り組みが、このキャリアサポート制度だ。スタッフが習得した新たな技術を店舗のメニューに加え、お客さまに喜んでいただければ、スタッフ本人はもちろんのこと、会社もお客さまもハッピーになる。この取り組みを始めてから、「希望することができない」という理由で退職する社員は1人もいなくなった。

　最近では、レセプション担当のママスタッフたちに、サプリメントアドバイザーの資格取得を促している。講師をサロンへ招き、スタッフに時給を支給しながら講習を受けてもらうという厚待遇だ。「ビューティアドバイザーという肩書きで、お客さまへ知識をお伝えできるようになれば、レセプション業務だけのときよりモチベーションが上がるはず。商品が売れれば店販手当もつくので、スタッフたちの収入も増えます」と福井さん。この先も美容の分野であれば職種を限定せず、スタッフの希望に対して臨機応変に対応する姿勢だ。

ママ美容師 interview

山野未知さん [ex-fa hair origin]

3度の出産、2度の育児専念期間を経験。
20年のママ美容師人生で見えた景色

育児中のスタッフが揃う同店で、最も経験豊富なスタイリストが山野さん。3人の子どもを育てながらお店に立ち、着付を学んでコンテストに出場するなど、ご自身の成長も止めません。彼女にとっての美容の仕事の醍醐味とは。

やまの・みち／スタイリスト歴25年。22歳、17歳の男の子と、20歳の女の子のママ。現在は月曜定休で週5〜6日、9:00〜17:00の時短勤務。

Q. ママ美容師だけのサロンの、良い点は？

A. みんな同じ境遇だからこそ協力し合えて、働きやすい環境

うちの店舗は2年前にリニューアルして、ママ美容師だけのサロンになりました。店長は男性ですが、2児のパパです。みんな同じ子育て中という立場なので、協力し合えるし、育児の悩みや楽しさを分かち合えます。誰かの子どもに急なお迎えが発生したときにも、「私がこの場を代わるから、お迎えに行ってあげて」と、前向きに送り出せる。それぞれの子どもの年齢が小学生、中学生、高校生とさまざまなので行事がかぶることも少なく、休日もうまく調整できています。みんなでカバーし合える、よい信頼関係がスタッフ同士で築けていると思います。

Q. お子さんがまだ小さい時期、仕事をするうえで大変だったことは？

A. 忙しくて、子どもの体調の変化に気づけなかったこと

当時はとにかく必死でした。夜の会議がある日には、夕方に子どもを迎えに行って夕食をとらせて、その後で子ども3人を連れて出社することも。忙しい毎日だったので、子どもの体調の微妙な変化に気を配ることもできませんでした。やはり仕事と育児の両立は大変です。でも自分で決めた道だから、中途半端にならないように頑張らねばと。そんな中でも、働く環境には恵まれていたと思います。現社長のお母さまである当時の社長も、子育てしながら店に出ていたので、ママスタッフに対して理解がありました。「家庭がうまくいけば、仕事もうまくいく」という考えで、「まずは旦那さんと子どもの世話を重視しなさい」と言ってくださった。おかげで気持ちが楽になったのを覚えています。予約の遅れなどで保育園のお迎えに間に合わないときに、店の仲間が子どもを迎えに行ってくれたこともしばしば。フォローをしていただいたからこそ、「自分のやるべきことはちゃんとやりたい」という気持ちに。強い責任感を持って、走り続けることができたのだと思います。

PART 1 ママを働きやすくする

山野さんの Life History

18歳 高校3年生で通信制の美容学校に入学。アルバイトをしていたサロンにそのまま就職し、21歳でスタイリストデビュー。

22歳 結婚。引っ越しをして、京都のサロンに入社する。

24歳 長男を出産。育休中に長女を妊娠し、出産。合計約4年間の産休・育休を経て28歳で仕事に復帰。

29歳 次男を出産。サロンを退社し、再び育児専念期間へ。

32歳 引っ越しで滋賀へ戻る。長男8歳、長女6歳、次男3歳のときに『ex-fa』にパートスタッフとして入社。

33歳 社内の新人研修で講師を担当。初めて教える立場を経験したことで、自分自身の成長を感じることができた。

34歳 会社のサポートを受けて、長い間独学だった着付の勉強を本格的にスタートさせる。

38歳 「SPC JAPAN全日本理美容選手権全国大会」の振袖ヘア＆メイク＆着付部門で全国3位に入賞する。自分の得意とすることに客観的な評価が得られ、やりがいにつながる。コンテストは年に2回ほどあるが、大会の前には毎回、当時の社長が連日深夜までつきっきりで指導してくれた。

44歳〜 会社発祥の店舗をリニューアルした、『ex-fa hair origin』の配属に。3名のママスタッフたちと協力しながら、育児と仕事の両立に励んでいる。今後も美容師として、生涯現役で働き続けることが目標。

「24時間ずっと一緒にいるよりも、仕事に出かけることで、逆に子どもとの心の距離が近くなった気がしています」と山野さん。

会社主催で毎年夏に開催されるバーベキュー大会。家族も一緒に参加できて、毎回大賑わい。

年2回開催の「女子会」は、女性スタッフたちの懇親と情報交換の場。男性スタッフが集う「男子会」もある。

※色のついた部分が人生の転機を表しています。

salon data

ex-fa hair origin　エクファ ヘア オリジン

住所　▶　滋賀県草津市南笠東
創業年　▶　1997年
店舗数　▶　5店舗
スタッフ数　▶　5名（取材店舗）

MASHU ADOBE
@ 大阪府東大阪市

#全スタッフ51名〜　#6〜10店舗
#産休　#育休　#時短勤務
#選べる雇用・勤務形態
#託児所

02

「母業が第一」という企業の時短勤務プラン＆協力体制とは？

大阪市内を中心に、10店舗を展開する「MASHU」グループ。17名のママスタッフたちは、役員やスタイリスト、レセプショニストなど、さまざまな職種で力を発揮。楽しく子育てしながら、サロンを盛り立てています。そんな彼女たちが笑顔で働ける理由とは？

▶ 取締役に interview

取締役 企画広報部長の前田晴代さん。

 ママ支援の取り組みを積極的に進める理由は？

 女性スタッフたちに一生輝き続けてもらいたいから

『MASHU』は「life with MASHU」という企業理念のもと、お客さま・社員と一生のおつき合いができる企業を目指しています。だから、女性スタッフが妊娠・出産で離職することがないよう、ママ支援の取り組みを進めることは必然なんですよね。出産・子育ての時期にキャリアが絶たれてしまうと、子どもが巣立って再び活躍しようとしたときに「お客さまがいない」「自分に強みがない」ということになってしまう。大切なスタッフたちにそんな辛い思いをさせないためにも、子育て中も活躍できる仕組みを提供したいです。

 今後、女性の活躍に関して取り組みたいことは？

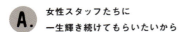 ママと一緒に店販商品やメニューをつくり出したい

現在、年代別にサロンを展開し、さまざまな方にご満足いただけるよう取り組んでいます。年代ごとに異なるお客さまの声に応えるには、若手からベテランまでのスタッフが必要不可欠。また、企画広報の立場からいうと、ママスタッフだからこそ生み出せる「商品」や「美」を一緒につくり出していきたいです。ママであるお客さまに向けた店販商品やヘアケアメニューの開発、ヘアスタイルの提案など。働きながら子育てすることは楽しいと知る彼女たちとともに、お客さまに新しい価値をお届けできたらうれしいですね。

PART 1　ママを働きやすくする

PICK UP 1

勤務日数さえクリアすれば、正社員のまま、希望の勤務プランが組める

どんな仕組み？

月18日以上働く条件をクリアすれば、社員のまま勤務日や勤務時間を調整可能。勤務日数以外には、1日の勤務時間数や出勤すべき時間帯などは設けておらず、「指名のお客さまの有無にかかわらず、週に何日間か勤務」など、サロン側が用意した勤務プランから選ぶことができる。本部勤務のママスタッフには、勤務時間や勤務日を自身で設計できるフリープランも用意。それぞれの給与体系や自分の希望などを考えながら、ママは正社員という枠組みの中で、ベストな働き方を追求できる。

スタッフの協力姿勢と、そのメリットは？

「女性は母になったら、母の仕事が第一」という、オーナーの考えが現場に浸透しているため、独身のスタッフも積極的にママスタッフをフォロー。ママもそんな環境に感謝しており、サロンのことも考えながら店長と相談し、勤務時間などを決定。スムーズに運用できている。

「私自身、妊娠したときは役員だったのですが、その後も役職を降りることなく、楽しく子育てしながら仕事をしています。働くママを応援してくれるオーナー、スタッフに心から感謝しています」と前田さん。彼女自身も「将来、自分がママになって働くときのためにも、今はママを手助けしてほしい」と若手スタッフたちに常に語りかけ、ママへの理解促進に努めているそう。

この仕組みは、PICK UP 3（P.21）と同様、高い技術・知識を持つ女性スタッフの離職防止に効果を発揮。また、勤務プランと同時に評価システムや給与体制も整えることで、ママの自由度を高めるだけでなく、ママのやる気につながる仕組みとなっている。

育児と仕事を両立させている前田さん。

PICK UP
2

「保育所が見つからず復職できない」
そんな悩みを解決すべく、託児所をオープン。

『MASHU ADOBE』と同じ東大阪市内にあるので、送り迎えもスムーズに。

どんな取り組み？

　サロンの規模が大きくなるにつれ、地方出身のスタッフが増加。「親が近くにいないので子育てのサポートを受けられず、思うように働けない」というママスタッフが増えてきた。また、早期の復職を希望するも、保育所が見つからず困っているケースも。これらの悩みを解消すべく、2015年8月に託児所「まっしゅるーむ」をオープンさせた。

メリットは？

　託児所ができたことで、ママスタッフがグンと働きやすい環境に。保育時間は9時からなので、11時のサロンオープン前に子どもを預けて出勤できる。グループ全体では7名が、「毎日」「週2日」「困ったときだけ」など、個々に合った方法を選んで利用中。一時保育はもちろん、月単位の場合は子どもの年齢や預ける時間によるが、どちらも低価格で利用できる仕組みとなっている。ママスタッフたちの「子どもの預け先がない」という悩みを解消し、早期の復職に力を貸している。

PART 1　ママを働きやすくする

PICK UP 3

ママスタッフの事情に対応できるよう、育休期間の制限は設けず、いつでも復職OKに。

どんな制度？

育休期間の規定は会社として特に設けておらず、育児休業給付金の支給期限である1歳〜1歳半以降も、希望があれば在籍可能。出産後の体調や入園のタイミングなど、育休期間中こまめに状況をヒアリングし、ママの希望を第一に復職時期を決定、受け入れている。

なお、これまで同制度を利用したママスタッフは、結果的には、最長でも1年〜1年半くらいまでには全員復職しているそう。

メリットは？この制度ができた背景は？

育休期間の期限を設けず、いつまでもママスタッフの戻れる場所を用意している同サロン。ママは、自身で復職時期を決められるので、不安なく復職の道を選び、育休期間を過ごすことが可能。サロンとしても、出産がきっかけの離職を防ぐメリットは大きい。復職後、キャリアのある優秀なママスタッフたちは、後輩の教育等、サロン全体の技術力アップに貢献。お客さまの満足度も高めており、利益以上の価値を会社にももたらしてくれている。

約10年前から実施されている同制度。役員であり、店長でもあった女性スタッフたちが、自身の妊娠を機に制度の道筋をつくったのだそう。「この制度ができてから、妊娠・出産を理由に退職するスタッフが本当に減りました」と、前田さん。サロン側は、定期的にママ同士の交流の場を設けて要望を吸い上げるなど、ママが働きやすい環境づくりにも注力している。

育休制度を活用、時短勤務で子育てと仕事を両立しているスタイリストの鈴木さん（左）、レセプショニストの和田さん（右）。

ママ美容師 interview

鈴木理恵さん [MASHU ADOBE]

月200万達成後、待望のママに。
ふたつの夢を叶えるために歩んだ道のり

ママとして時短で働きながら、同店トップスタイリストとして活躍中の鈴木さん。店舗異動時にはほとんどの指名客がついてきてくださるなど信頼の厚い彼女。常に第一線で活躍してきたからこその悩みを聞きました。

すずき・りえ／スタイリスト歴7年。現在、トップスタイリスト。現在、週4〜5日で、9：00〜17：00の時短にて勤務。

Q. 今までで一番悩んだことは？どう乗り越えましたか？

A. 一番悩んだのは、子どもが欲しいと思いはじめたとき

子どもが欲しいという気持ちが生まれはじめた27歳の頃、何を優先すべきか、今後どう仕事と向き合うべきか、本当に悩みました。トップスタイリストになりたいと、思ってはいたのですが……。そんなとき、トップスタイリストとしても活躍している女性の店長が、「素質があるから目指したほうがいい。でも、子どもが欲しい気持ちを抑える必要はないのでは？」と声をかけてくださって。その言葉に号泣しました。本当は<u>子どもがとても欲しいし、夢も諦めたくないと思っていることに気づけたんです</u>。そこからは、「まず漠然とした目標だったトップスタイリストを実現させ、自信や戻れる場所をつくった後、子どものことを考えよう」と順序立てて考えられるようになりました。決めてからは仕事に全力投球。1年後に夢を叶え、幸いにも翌年子宝に恵まれました。私の気持ちをくんでアドバイスしてくださった店長には、今でも感謝しています。

Q. 美容師として努力していることは？

A. 目標は、お客さまに一生寄り添える美容師

アシスタント時代から、スタイリストデビューがゴールではないと意識していました。だから、お客さまに自分のファンになってもらえるよう、技術全般はもちろん、得意分野を磨く努力もしていました。『MASHU』には希望の技術が学べる部がたくさんあるのですが、私はヘアカラーが好きだったのでカラー部とシャンプー部に所属。外部の講習会にも積極的に参加しましたね。

ジュニアスタイリストデビュー後は、うちの店の似合わせ技術を大切に、自身のこだわりや季節ごとのトレンドを組み込んで、お客さまを飽きさせないよう工夫してきました。

でも何より努力していることは、<u>お客さま1人ひとりを大切に思い、「一生キレイのお手伝いをしたい」という気持ちを正直に伝えること</u>。これは入社当初から心がけています。私の目標は、お客さまと一生のおつき合いができる美容師。お客さまに信頼していただくためには、技術だけでなく、想いを強く持って接することが大切だと考えています。

PART 1　ママを働きやすくする

鈴木さんの Life History

20歳	美容専門学校卒業後、『MASHU』入社。デビューを待ってくれていたお客さまも多く、早くスタイリストになれるようがむしゃらに技術を学ぶ。ヘアショーや撮影も数多く経験。
24歳	ジュニアスタイリストデビューし、『aTe店』勤務に。多数来店してくれたアシスタント時代のお客さまの声を励みに、ひたすら経験を積んだ。半年後、『グランバーズ店』に異動。指名客のほとんどがついてきてくださった。
25歳	デビューから約1年後に月100万円の売上を達成、スタイリストに昇格。『ADOBE店』へ異動。その際もこれまでの指名客をほとんど失わなかった。「月200人以上または200万円以上を半年以内に2回達成」が条件のトップスタイリストになれるよう、仕事に励んだ。
26歳	会社員の彼と、3年間の交際を経て9月に結婚。美容師を一生続けていきたい気持ちを彼に理解してもらったうえで、結婚した。結婚後も、夜11時まで勤務など働き方は特に変わらず。
27歳	旦那さんに支えてもらいながら仕事をバリバリこなすなかで、家族の将来を考えはじめる。子どもを欲しい気持ちが大きくなりとても悩んだが、当時の店長のアドバイスを受け、「夢を叶えるなら今！」と、トップスタイリストを目指すことを再度決意する。
28歳	お客さま1人ひとりを大切にするなど努力を重ね、ついに条件をクリア。念願のトップスタイリストになる。その後、幸運にもすぐに妊娠が判明。ママになれる喜びを胸に、出産の1ヵ月前まで働く。
29歳	11月に長男を出産。お客さまをお待たせしたくない気持ちが強かったので、マネージャーに相談し、出産の4ヵ月後に現場へ復帰。土日のみ働く。1年後、今の時短勤務形態に。
31歳	子育てを楽しみながら、美容師を続けられている幸せを実感する日々。お客さまとの時間を大切にしながら、サロンがより良くなることもしっかり考えて働き続けたいと考えている。

入社1年目の頃。オーナー&同僚と仲良く花火大会に参加。

社員旅行のグアムにて。同僚たちとは本当に仲良し！

最愛の息子 倫太郎くんと。希望の働き方ができるサロンに感謝。

現在。後輩の教育など、サロンにより貢献したいと考えている。

※色のついた部分が人生の転機を表しています。

salon data

MASHU ADOBE　マッシュ アドベ

住所	大阪府東大阪市下小阪
創業年	1989年
店舗数	9店舗
スタッフ数	16名（取材店舗）

serio anjo
@ 愛知県安城市

#全スタッフ51名〜　#11店舗〜　#産休
#育休　#時短勤務　#経済的補助あり
#選べる雇用・勤務形態
#キャリアメンター

時短勤務で月260万スタイリストも。
ママを応援する、制度や工夫がたくさん

愛知県内に11店舗を展開するトータルビューティサロン『serio』。早くから女性支援の取り組みを推進しています。時短勤務でありながら、きちんと売上げを上げられるなど、スタッフのやる気や、会社の強みを生み出す女性支援策の中身について聞きました。

▶広報・企画に interview

広報・企画の
鈴木麻葉さん。

 女性支援の取り組みを進めて
よかった点は？

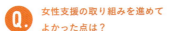 スタッフの定着率がアップし、
顧客満足や優秀な人材の確保も◎

16年前から「短時間勤務制度」を実施していたのですが、13年前に「スタッフが働きやすい環境をつくる」ことを使命としている現代表が就任しました。それをきっかけに、女性活躍に関する制度の整備が加速し、女性スタッフの定着率もアップ。ママと同年代で、サロンのメイン層でもある、20代後半〜30代後半の顧客満足度も高めることができています。また、求人の説明会でママになっても働けるかという質問に対しても、良き見本を示せることはサロンにとって大きな強み。優秀な人材の確保にもつながっています。

 今後取り組みたいことは？

 ママをフォローする
スタッフのための制度づくり

時短で働くママは、営業前の準備や閉店後の後片づけなどは免除。そのため、子育てスタッフの割合が多いサロンは、どうしてもフルタイムで働くスタッフたちにかかる負担が大きくなりがちです。掃除や営業時間前後のレッスンなどに参加するスタッフには月1万5,000円の教育手当が支給されますが、スタッフ間の人間関係でカバーしている面が大きいのが現状。ママスタッフのみで構成するサロンのオープンなども視野に入れながら、解決につながる制度の整備を進めたいと考えています。

PART 1　ママを働きやすくする

PICK UP 1
結婚・出産後の働き方などを
先輩ママ「キャリアメンター」に相談可能

どんな取り組み？

　長く働ける環境を目指している『serio』。そのため、スタッフの課題はできるだけ解消していきたいと考えている。しかし、女性スタッフからの相談の場合、子育てしながら働いた経験者でないと、悩みを理解することや、解決策を示すことが難しいことも。そこで、2児のママであり、店長の経験もある塚田さんを、全店舗横断の「キャリアメンター」という役職に任命。店舗の垣根を越えた経験豊かな相談役を立てることで、女性スタッフたちがより相談しやすく、より的確なアドバイスを受けることができている。

この取り組みが生まれた背景は？

　「ママの権利を主張するだけの人が多い中、塚田はママの立場に甘えることなく、スペシャリストにこだわった働き方を追求。また、常に周囲に感謝の気持ちを持って接しています。代表が彼女を任命したのは、相談相手として適役というだけでなく、彼女の働き方を良き手本としてもらいたいとの想いもあったからだと思います」と、広報・企画の鈴木さん。

サロンにとってのメリットは？

　「キャリアメンター」には、働いている店舗に来てもらって相談することができる。悩んだときに駆けつけてくれ、親身になって話を聞いてくれる先輩の存在は、若手にとって心の支えになっている様子。また、結婚や出産などで働き方に悩む女性スタッフからも、「時短で働く際の心構えを聞けて参考になった」「手続きの進め方やどの上司にお願いすべきか教えてもらえて良かった」など好評。スタイリストデビュー直後にママとなり一度は辞めることも考えたスタッフが、「キャリアメンター」に相談したことで復職の道を選べたなど、離職防止にもつながっている。

PICK UP 2

正社員のまま時短で働ける短時間勤務制度。
他スタッフから出た不満も工夫で徐々に解消

どんな制度？

入社2年目以上のママは復帰後、正社員のまま週休2日＆1日6時間の時短で働ける「短時間勤務制度」を利用できる。また、復帰前に店長とキャリアメンターとの面談で働き方を相談し、家庭の事情や希望などに沿って正社員とパートのどちらかを選ぶことも可能。パートの場合は、最低勤務時間などは特になく、働く時間帯なども柔軟に対応。週1日＆何時間からでも働くことができる。

現在、9名のママが時短で働く正社員として、1名のママがパートを選択して活躍中。短時間勤務制度・選べる雇用制度は、キャリアのあるスタッフの定着につながっている。

制度を進めるうえで難しかった点は？ 解決策は？

約16年前に導入された「短時間勤務制度」。当初は、独身のスタッフたちから「ミーティングにママが出られないから、決まったことが伝わらない」など、理解を得ることが難しかったそう。そのため、代表がミーティングに出席し、「互いを思いやる気持ちを持ってほしい」と語りかけ、ママへの理解を促進。代表の意思を受けたスタッフ同士が相談し合い、ミーティングは、ママも参加できる時間帯にできるだけ実施するように。もしママが参加できない場合も、SNSなどを利用して、情報を共有するようにした。これにより状況は好転。こまめなコミュニケーションを通して互いを気遣えるようになり、制度に対しての不満も解消された。

食事会なども、全員が出席できるようスケジュールを調整。短時間勤務の女性スタッフも一員と考え、参加できる状況をつくることが、ママの働きやすさにつながっている。

PART 1　ママを働きやすくする

PICK UP
3
時短ママのお金の悩みを
子育て支援制度でサポート

月5,000円で利用できる社員寮も完備。「働きやすい環境をつくること」にこだわっている。

どんな制度？

1人目の子どもには月1万円、2人目以降は1人につき月5,000円を支給する、「子育て支援制度」を約10年前から実施。時短で働くママが対象で、子どもが小学校に入学するまで支給される。現在、9名の時短ママがこの制度を活用している。

この制度が生まれた理由は？

この制度は、時短勤務によって給与が減るママを、金銭面でサポートしたいとの思いから誕生。女性スタッフの「ママになって働き続けること」に対する金銭面での不安払拭につながっている。

このほかにも、扶養家族がいるスタッフには月1万5,000円の家族手当を支給。また、世帯主や1人暮らしをしているスタッフには月10,000円の住宅手当を支給するなど、スタッフに働きやすい環境を提供すべく、福利厚生に力を入れている。

27

> ママ美容師
> interview

塚田美由貴さん [serio anjo]

店長に復帰後、時短のまま月200万を達成！
女性スタッフ85名に寄り添う「相談役」とは？

人気ママ美容師の塚田さんは、25歳で店長に就任し、スタッフを教育しながらサロンの売上をけん引。2児のママとして復帰後も月200万の売上を達成し、現在は「キャリアメンター」に。これまでの歩みを詳しく聞きました。

つかだ・みゆき／スタイリスト歴16年、キャリアメンターも兼任。2児のママ。現在、週5日（日・月休み）、平日9:00〜16:30、土祝は8:30〜16:30の時短にて勤務中。

Q. スタイリストデビュー直後の大失敗とは？

A. 「仕上がりが不満」とお客さまが激怒。スタイリストとして成長するきっかけに

カットを手がけた女性のお客さまがその日は満足して帰られたのに、次の日、大変お怒りの様子でお店にいらしたんです。理由は、旦那さんに「全然似合っていないと言われた」から。あまりに理不尽に思えて謝ることができず、怒鳴り声を前に、ただ立ちすくんでしまいました。そのとき、店長と副店長が、私の代わりに必死に頭を下げて謝ってくれて。その姿を見て、「お客さまが気に入らなければ私が悪い。お客さまを担当するということはそういうことなんだ」と気づき、プロ意識の足りなさを痛感。似合わせなどを考えずただ言われたままにカットしたことで、逆にお客さまに嫌な想いをさせてしまったことを、心から反省しました。

それからは、カット後の印象の変化を丁寧に説明するなど、細やかなカウンセリングを心がけました。すると突然、売上も伸びはじめて。あのとき、私を頭ごなしに叱ることなく、ただお客さまに頭を下げてくれた先輩たちがいなければ、何も気づくことができなかったと思います。心から感謝しています。

Q. 仕事と育児の両立で大変だったことは？

A. 大好きな仕事を頑張るために家族に負担をかけたこと

『serio』は、ママが無理なく働ける短時間勤務制度をつくってくれていて、スタッフもみんな協力的。子育ても、母が仕事を辞めてまで2人を見てくれていたので、環境面では本当に恵まれていたと思います。ただ、そのような中でも、2児のママとして時短で働きながら店長職に復帰した時期は大変でした。

子どもを理由に予約のお客さまにご迷惑をかけたくなくて、欠勤したことがなかったのですが、それは家族の協力があってこそ。なのに、閉店後の会議にも進んで出席。ますます家族に負担をかけ、子どもたちに寂しい思いをさせてしまって。「ママという立場に甘えることなく働きたい」と頑張る一方、ママ業がままならない状態になっていることが、精神的に辛かったです。でも、夫や母が笑顔で引き受けてくれたおかげで、大変な時期を乗り切ることができました。そして、それらの経験は今「キャリアメンター」の場面で、少なからず生かせていると思います。

PART 1 ママを働きやすくする

塚田さんの Life History

19歳 専門学校卒業後、スタッフや店舗の雰囲気に惹かれ、お客として通っていた『serio』に入社。

21歳 スタイリストデビュー。1年弱で月100万円の売上を達成。その後も、100万円以上の売上をキープ。

25歳 店長に就任。月170万〜200万円の売上をコンスタントに上げる。

26歳 会社員の彼と4年間の交際を経て結婚。翌年1月に妊娠がわかり、代表に報告。復職を迷っていたが、代表がスタッフを集め、「店長が産休に入る」と報告。「続けたい」との本音をくみ取ったその言葉を受け、産休育休取得＆復職することに。

27歳 9月に長女を出産。約7ヵ月間の育休後、代表に週4日、9:00〜17:00の時短で働くことを了承してもらい、復帰。育児との両立のため、店長職は辞退。

30歳 第二子妊娠。出産予定日の1ヵ月前から産休取得。7月に長男を出産し、7ヵ月間の育休後、復帰。

33歳 週5日、9:00〜16:30までの働き方に変更。代表の任命で店長職に復帰。育児との両立に悩んで円形脱毛症になるなど、一番大変な時期だった。そんな中、12月に月200万円の売上を達成。

35歳 店長職を後輩に譲り、全店舗の女性スタッフの相談役である「キャリアメンター」に就任。今後も、ママをウリにするのではなく、いちスペシャリストとして現場に立ち続けたいと考えている。

アシスタント時代から、仕事への前向きな気持ちは変わっていない。

『Serio』ひと筋で美容師を続けられたのは同僚に恵まれたからこそ。

※色のついた部分が人生の転機を表しています。

---

salon data

serio anjo セリオ アンジョウ

住所	愛知県安城市住吉町
創業年	1969年
店舗数	11店舗
スタッフ数	14名（取材店舗）

04 MOK
@ 大阪市北区

#全スタッフ1～50名　#3～5店舗
#産休　#育休　#時短勤務
#選べる雇用・勤務形態　#キャリア
#協力し合える風土づくり

「きりもり上手な主婦が店長に最適！」と言い切るオーナーの取り組み内容とは？

大阪、京都、神戸に4店舗展開する『MOK』。全店で23名のスタッフ中、ママ美容師は3名います。「ずっとへ、まっすぐ」という経営理念のもと、お客さまだけでなく、スタッフもずっと協働していける店舗づくりを実現しているオーナーの寺田さんにお話を聞きました。

▶ オーナーに interview

『MOK』オーナーの
寺田健太郎さん。

Q. 会社の立ち上げ時から社会保障完備など福利厚生を整えた理由は？

A. それが当たり前だと思っていました

自分が20年前に5年間勤めたサロンが、社会保障完備で財形貯蓄までしてくれていました。私が手荒れでドクターストップがかかった際に、オーナーが「治るまで受付業務でいい」と言ってくれたのです。だから「経営をしたら人を大切にする」のは当たり前だと思っていました。また、学生時代にさまざまなバイトをして美容業界以外の会社もたくさん見てきたことも、今の経営に役立っています。

Q. 時短勤務のママスタッフを店長に抜擢したのは？

A. 専業主婦を経て「きりもり」する能力が抜群に高くなっていたからです。

「マネージ（manage）」の語源は「きりもりする」という意味なのですが、「きりもり」と言えば主婦の方々がたけている力。ママスタッフの徳永は、うちを退職後3年間専業主婦として2児の子育てをしていました。復帰を申し出てくれて再会したときに「なんかパワーアップしている！」と感じました。それこそが「きりもり能力」だと。そうした女性の能力をスタッフや店舗の売上を管理する店長職などのマネージメント分野で活かす一方で、技術や売上の高い人は店長とは別の役職で待遇するのがベターだと思っています。

PART 1　ママを働きやすくする

PICK UP 1
全員一致の採用で、
ママも自然と働きやすい風土に

どんな取り組み？

新しいスタッフを採用する際は、スタッフ全員が面接官を務めている。その後の選考会議でも全員一致の結論が出るまで話し合い、社風に合う人材の採用者を決めている。

創立15周年のアニバーサリーでは、スタッフみんながお祝いしてくれたそう。

メリットは？

スタッフみんながいいと思ったメンバーを採用していることから、オーナーの寺田さんの考え方と同様に協働や「和」を重視する、運営のしやすい組織ができあがっている。オーナーが新しい方針などを導入するときもスタッフからの反対がほとんどないという。

そのため、ママスタッフを迎える風土づくりについても、自然と受け入れてくれるようになった。元スタッフだった徳永さんの再雇用はオーナーが決めたが、「2児のママでパートの人が来る。子どもの発熱などで早退することも多いかもしれない」と伝えても、そのことをデメリットと考えるスタッフは皆無だった。また時短勤務の徳永さんを店長に任命した際も、スタッフたちは異論なく受け入れてくれたそうだ。

PICK UP 2

パート勤務、正社員での時短勤務、自宅待機制度など、多様な勤務体制を個々の事情に合わせて導入

どんな取り組み？

ママスタッフである大阪梅田店・店長の徳永さんは、アシスタント時代に妊娠して一度退職した後、2児の出産を経て復帰。そのとき保育園に入園できていなかったため、週3日のパート勤務からスタートし、現在は正社員として11:00～17:00の時短勤務、また定休日と日曜日を休日としている。ママスタッフだけでなく、共働きで育児をする男性スタッフが保育園のお迎えに行けるよう時短勤務を選択できたり、体調を崩したスタイリストが予約が入ったときのみ出勤する自宅待機制度をつくるなど、スタッフ個々の事情に配慮した勤務体制をとっている。

メリットは？

「一度仲間になったスタッフには長く続けてもらいたい」というのが、オーナーの寺田さんの考え。徳永さんのように一度辞めたスタッフが「戻ってきたい」と思えたり、若い女性スタッフたちに「子どもを産んでも続けられる」と希望を持たせることができるようになっている。

大阪梅田店の店長・徳永さん（左）が妊娠して退職した際も、オーナーの寺田さんは「続けてほしい」と話していたので、徳永さんが「復帰したい」と言ったとき、すぐに快諾したそう。

PART 1　ママを働きやすくする

PICK UP 3
毎月1回の全体会議、社員旅行、運動会などで、
スタッフ同士の和を築く

社員旅行も毎年実施。写真は台湾での社員旅行で。

メリットは？

　県をまたいだ4店舗展開ながら、こうした取り組みによってサロン全体のまとまり感を生み出すだけでなく、スタッフ同士が顔を合わせる機会が多いことで、お互いの事情を理解し合える風土ができている。そのことで、「PICK UP 2 (P.32)」のようなスタッフ個別の事情を組んだ勤務制度をつくっても、自然に協力体制が生まれている。

どんな取り組み？

　『MOK』では毎月、神戸店に全員が集まって会議を実施。業務報告やアシスタントの技術テストを行なうほか、全スタッフが店舗横断で所属するさまざまな委員会の活動報告や、その月に生まれたスタッフの誕生会を開催している。また、社員旅行やお客さまを招いての運動会など定期的なイベントも多々行なっている。

運動会はお客さまとの交流を兼ねて実施。スタッフも家族連れで参加する。

---

salon data

MOK　モク

住所	大阪府大阪市北区豊崎(大阪梅田店)
創業年	1999年
店舗数	4店舗
スタッフ数	23名(全店舗)

05

RizE
@ 広島市中区

#全スタッフ11〜50名　#3〜5店舗
#産休　#育休　#時短勤務
#選べる雇用・勤務形態　#託児所
#キャリア

女性スタッフの3名に1名がママ。
キッズルームも備える仕組みとは？

広島市内に4店舗展開中の『RizE』。男性スタッフも多い中、女性スタッフの3名に1名がママというサロンです。オーナーの林さんは、独立後に子育てしながらサロンを経営してきました。自身の経験を活かした、パワフルで肝が据わった経営方針とは？

▶ オーナーに interview

『RizE』オーナーの
林 美千代さん。

Q. スタッフのためにキッズルームを
つくった理由は？

A. 女性が仕事を続けると
決めたからには応援したい

　女性が子どもを産む時期は、仕事でもこれからという時期。そこでキャリアを止めるのはもったいない。けれどスタイリストの代わりはいても、自分の代わりに子どもを産める人はいないので、母になる人生も諦めないでほしい。そして両立できない理由を夫や仕事のせいにしないでほしいのです。夫に理解がないのはそういう男を選んだ自分のせい。私の夫も「妻は家にいてほしい」人でしたが、仕事で頑張る姿を見せて変えさせました（笑）。「続ける」と覚悟を決めたスタッフは経営者としてできる限り応援したい。

Q. もともとトップスタイリストで、
今経営に軸足を置くようになったのは？

A. 自分が引いたほうが
下が育つとわかったから

　4年前くらいから、成功しているサロンオーナーのお話を聞く機会が増えました。当時の自分とは全然違う、「人を育てる経営者」の目線であることに感銘を受けました。ちょうどその頃実家の母が倒れて、一時的に仕事を休んでいる間にメンバーがとても成長していて。自分が現場にいないほうが人が育つのだと気づいたのです。経営者は、社会にはじめて出る若い人をお預かりする立場。大事な若い人たちをどう育て、いかにスタッフが働きやすい環境をつくるかを考えることが自分の役割だと思っています。

PART 1　ママを働きやすくする

PICK UP 1
サロン専用のキッズルームには保育士も常駐。
だから、ママスタッフも安心

サロン内のガラス張りの一角にあるキッズルーム。ママの働く姿が子どもたちからも見えて安心。

どんな取り組み？

『RizE』の4店舗はいずれも広島市中区にある。ほぼ隣接した場所に3店舗が位置する中、ネイル・まつげ・エステサロンである『TenR（テネル）』内に、4年前から保育士が常駐するキッズルームを構えている。ママスタッフの福利厚生のためにつくったスペースだ。

背景とメリットは？

オーナーの林さん自身が2児の子育てをしながらサロン経営をしてきたママスタイリスト。「女性スタッフが『子どもができても仕事を続ける』と決めたんです。それなら『子どもを預けられる環境』と『働き方を選べる環境』をサロン側でつくり、サポートしたかったのです」（林さん）。

環境を整えたことで、ママスタッフの子どもが、保育園に入れない待機児童の場合でも、保育園が休みの土日でも、安心して働けるようになった。「サロン内のキッズルームで子どものかわいさを知り、まわりのスタッフも早く子どもを産むようになりました（笑）」（林さん）。

35

PICK UP 2
復帰後の働き方は**本人の希望**で柔軟に**対応**できる環境に

【 どんな取り組み？ 】

PICK UP 1（P.35）で林さんが語っているように、ママスタッフをサポートする体制の1つとして「働き方を選べる環境」をつくっている。育休から復帰する際の働き方は、個別に面談して、フルタイムでの勤務を希望すれば正社員のまま、育児に軸足を置きたいスタッフは週2日勤務で時給＋歩合のパート勤務など、本人の希望を優先している。

【 背景とメリットは？ 】

子育てをする環境は人それぞれ。ご主人の仕事や実家が近いかなど個別事情が影響するため、どんな事情のスタッフでも無理なく仕事を続けられるよう、1人ひとりと話をして決めている。その結果、ママになっても辞めず、働き続けるママスタッフが8名もいるのだ。

「一人ひとりの個性と能力を見極めて、適材適所で活躍させるのもオーナーの仕事」と林さん。

PART 1　ママを働きやすくする

PICK UP 3
本人の希望と能力によって
多様なキャリアプランを検討

（ どんな取り組み？ ）

　林さんは、**スタッフのキャリアプランを多様化するために、さまざまな事業や店舗を展開・検討している。**

　たとえば、トータルビューティーサロンである『RizE』にはさまざまなメニューがあるため、美容学校を卒業してヘアのスタイリストを目指していたスタッフが、まつげエクステスタッフに転向し活躍することもあるという。また、ベテランスタッフのスキルを活かすために、年齢層の高いお得意さまがくつろげる新しいタイプのサロン『StecuR（セテクーラ）』を展開したり、キッズルーム担当の保育士スタッフたちが、もっと活躍できるよう、スタッフ以外の子どもでも一時預かりできる事業展開も検討中だそうだ。

（ 背景とメリットは？ ）

　このような取り組みを始めたきっかけは、アシスタント時代にカットが苦手なスタッフがいたこと。「このままではこの子は辞めてしまうかもしれない」と林さんは思ったという。店舗としてまつげエクステを強化したいと考えていた時期だったため、「やってみる?」と声をかけたところ、本人が喜んで転向したそうだ。『StecuR』では、**集客数よりサービスの密度の濃さを売りにしているため、ベテランスタッフの接客力が活かせるとともに、働き方もゆったりできる。**スタッフの子どもを預けるために雇用したキッズルームの保育士たちにも、同じ仲間として働きがいを見つけてもらい、より高収入を得てもらうために、新たな事業を生み出すことを林さんは考えているそう。「彼女たちは『キッズルームのあるサロン』の立派な広告塔です。そんな彼女たちがもっと頑張りたいというのであれば、どうすればもっと活躍できるか考えるのは当然のことです」(林さん）

---

salon data

RizE　ライズ

- 住所　▶ 広島県広島市中区小町
- 創業年　▶ 2000年
- 店舗数　▶ 4店舗
- スタッフ数　▶ 31名(全店舗)

Ramie
@ 東京都中央区

06

#全スタッフ51名〜　#6〜10店舗
#産休　#育休　#時短勤務
#選べる雇用・勤務形態
#協力し合える風土づくり

逆算型の時短勤務体制で
全員が「辞めたくない会社」に

現在10店舗を展開し、いまだ人気の衰えない『GARDEN』。2013年、新大人世代向けにオープンした『Ramie』では、ママスタイリストが活躍中です。グループのトップでありながら、産休・育休制度をつくり、労務管理にも取り組む代表の加藤さんに話を聞きました。

▶代表取締役に interview

『GARDEN』代表取締役の
加藤敏行さん。

Q. 制度をつくるうえでの課題は？

A. 周囲の理解を得るには、トップの意志を全体に伝える必要がある

　美容師は勉強のために朝早く来たり、自分の時間を削って下の子を教えたり、実力で這い上がる世界。その中で、時間が限定される働き方をする人がいると「なんであの人だけ」という空気になってしまう。それが今までの美容業界のムードであり、結婚を機に退職する人が多い理由の1つでもあったと思います。それを踏まえて、「結婚しても働き続けられる環境をつくるんだ」というトップの意志を全体に伝えていかないと、理解を得るのが難しいと感じたので、会議の場などで積極的に伝えるようにしました。

Q. サロンが働き方を変える必要性は？

A. 人が辞めない仕組みをつくらなければ美容室の繁栄はない

　経営者目線で見れば、少子化で美容師もどんどん減っている中で、女性が結婚を機に辞めていってしまうような会社はすぐに淘汰されてしまいます。これからはいろんな働き方が美容業界でも必要となってくるし、サロン側もそれを受け入れる覚悟を持ってやっていかないと、今後の美容室経営は難しくなっていくと思います。美容学校が定員割れをし、サロンの数に対して新人が全然足りない時代です。「人が辞めない仕組みづくり」のために、業界全体が変わらざるをえない状況にきていると思います。

PART 1　ママを働きやすくする

PICK UP

希望給与から勤務体系を導く、
「逆算型」の時短勤務

どのような勤務体系?

　家庭によって必要な収入や夫・親のサポート状況は異なるもの。家族とも話し合ってもらい、「いくら必要か」「いくら稼ぎたいか」という希望を聞いたうえで、それを実現するための給与体系、労働時間をゼロから設定していく。「長く働いてくれているので、社会保障の部分はきちんとキープしてあげたい」という想いから、社員のままで給与と勤務体系を変更している。

どのように利用されている?

　まずはきちんと話し合うことからスタート。給与や労働時間など、何をいちばん優先するか、何があればやっていけるのかなど、本人が望む方向性をヒアリングしたうえで、かたちにしていった。特に結婚した女性の場合は、「夫の扶養の範囲内でやるか」というのが大きなポイントになってくる。扶養のメリットデメリットを説明したうえで、家族と相談してきてもらい、もし「扶養の範囲で」という希望であれば、1年間の所得を逆算。週何日なのか、月何人くらいなのか、「固定給＋歩合」にするか、時給にするかなど、1人ひとりの意志を尊重しながら、会社としてできる範疇で雇用条件を変えている。現在は初の事例となったスタイリストに続き、産休・育休を取得する人や、結婚して営業1時間前に帰る時短勤務を利用する人などがいる。

---

salon data

Ramie　ラミエ

住所	▶ 東京都中央区銀座
創業年	▶ 2006年
店舗数	▶ 10店舗
スタッフ数	▶ 27名（取材店舗）

07
BIGOUDI salon
@ 大阪市北区

#全スタッフ55名〜　#6〜10店舗
#産休　#育休　#時短勤務
#選べる雇用・勤務形態
#協力し合える風土づくり　#失客対策

取り組み始めて21年。
妊娠きっかけの離職がゼロに！

大阪・兵庫に6店舗を展開する『BIGOUDI salon』。スタッフ55名中、グループ全体では5名、同サロンでは1名のママスタッフが、子育てと仕事を楽しく両立させています。女性支援の取り組みがスタートしたのは、実に21年前。その取り組みについて紹介します。

▶ 代表取締役社長に interview

『BIGOUDI salon』
代表取締役社長の
古味卓也さん。

 Q. 女性活躍支援を進めて良かった点は？

 A. 顧客満足度が高まり、サロンの強みがアップ

　スタッフが辞めずにベテランへと成長していってくれていること。スタッフとは一生つき合いたいと考えているので、うれしいです。また、顧客満足度の向上です。6店舗中、2店舗が25歳の女性客、4店舗は43歳の女性客をメインターゲットに設定。この層のお客さまのリピート率100%を目指しています。そのためには、最高品質の技術を提供するという使命感を持つことが大切。そのうえで、ターゲット層の悩みに共感できる同世代の女性スタッフが多いことが説得力を増し、顧客満足にもつながっていると考えています。

 Q. ママスタッフに期待することは？

 A. ママとしてだけでなく、美容師としても輝き続けてほしい

　「ママであることに甘えず、努力し続けてほしい」ということです。売上げが伸びていく段階で出産を迎えた女性スタッフは、復職後、短時間勤務になるため集客面・売上で苦労することも多い。そんな中、ママであることを強みにした接客だけでは、高い技術や感性を求めるお客さまから共感を得ることは難しい。また、売上げを上げられないと、仕事の面白さを感じられなくなっていきます。復職後は「デザイナーとしてお客さまの前に立ってほしい」との想いも伝え、仕事への向き合い方も相談し合います。

PART 1　ママを働きやすくする

PICK UP 1

入社式やコンテスト、社員旅行など、すべての社内行事に子連れでの参加OK

どんな取り組み？

　入社式や納会、運動会や旅行、お茶会、店内コンテストやシャンプー大会など、すべての社内イベントは子ども連れでの参加OK。10年ほど前から始まったこの取り組みは、「長時間労働で休みも少ない美容師が『辛いことがあっても頑張ろう』と思えるよう、チームで支え合うことが大切」という考えから。「スタッフ1人ひとりに、家族も含めて『社内でひと家族』という空気を感じてもらえる場をつくりたかったんです」とオーナーの古味さん。

笑顔の時間をみんなで共有することで、お互いの信頼感がアップ。チームワーク抜群に。

メリットは？

　家族単位の交流を通して、周囲のスタッフたちがママスタッフの想いや不安を理解できるように。オーナーが入社した当初は、早く帰るママに対する不満を耳にすることもあったが、今は全スタッフが積極的にママをサポートしてくれている。また、サロン自体の雰囲気もより明るく和やかになり、居心地の良い空間をお客さまへ提供できている。

　全員が楽しみにしているイベントは、回を重ねるごとに「後半に懇親会を設けた二部制にして、進行にメリハリをつける」などバージョンアップを続けている。イベントに対する創意工夫を通して、スタッフ同士の仲が深まるのはもちろん、その場の仕切りがスタッフの成長にもつながっている。

PICK UP 2

ママ自身が後任スタッフを選出。DM活用などで、産休・育休中の失客対策も万全に

どんな取り組み？

産休に入る際は、店長と相談しつつママスタッフ自身が後任スタッフを選出。カルテを活用しながら、お客さまの好みや性格に合わせて引継ぎを行なっている。お客さまへのご案内は、引継ぎ担当者と一緒に本人がご説明するほか、サロンからも全顧客に産休や復職時期をDMにてお知らせ。休職中の失客防止に努めている。

丁寧かつスムーズな引継ぎができるように、カルテにはお客さまの細かな情報まで記入している。

メリットは？

産休に入るママスタッフのいちばんの心配は「自分のお客さまを失客してしまわないか」ということ。この取り組みによって、お客さまのサロンに対する満足度が向上するとともに、産休・育休中も失客せず安心してサロンに通ってくださるようになった。また、ママスタッフにとっては復職時に指名客がいないことへの不安解消につながるとともに、サロンの売上ダウンのリスクも抑えられている。

PART 1　ママを働きやすくする

PICK UP 3

時短だけでなく勤務地や雇用形態の変更もOK。柔軟な勤務体系は、既婚女性も利用可能！

どんな取り組み？

　育児方針や旦那さんの要望など、家庭の事情によってママスタッフが希望する働き方はさまざま。サロンで用意しているママ用の時短勤務体系（週5日、1日7時間）をベースに、産休に入る前に「復職後はどんな働き方をしたいか」についてとことん話し合っている。また、産休・育休期間中は月1度のペースでママスタッフと連絡を取り合い、出産後の体調や保育園探しの状況などをヒアリング。相談しながら復職時期を決定している。そのほか、復職の際に勤務先を家から近い店舗へ変更したり、雇用形態を正社員とパートから選べたりなど、1人ひとりのニーズに合わせて柔軟に対応。なお、この取り組みは、ママ同様、既婚女性も活用できる。

メリットは？

　21年前から実施しているが、それ以降、ママスタッフの満足度は高く、妊娠をきっかけに辞めた女性スタッフはゼロ。産休・育休後に復職してもらえることで、優秀な人材の流出を防いでいる。また、パートを選んだ際の時給は、結婚や出産前の給与がベース。今の仕事ぶりが将来につながるため、女性スタッフの仕事への意識向上にもひと役買っている。
　さらに、先輩女性スタッフが出産を経て現場復帰することは、若手女性スタッフにとって良きお手本となり、「ここなら長く働ける」というイメージを持ってもらえるようになった。

21年前、サロン初のママスタッフとなった岩井恵子さん。ママが活躍できる道をつくった立役者の1人。

---

salon data

BIGOUDI salon　ビグディー サロン

住所　　▶ 大阪府大阪市北区曽根崎新地
創業年　▶ 1981年
店舗数　▶ 6店舗
スタッフ数　▶ 14名（取材店舗）

08 Daisy
@ 福岡市中央区

#全スタッフ11～50名　#1～2店舗
#産休　#育休　#時短勤務
#選べる雇用・勤務形態
#協力し合える風土づくり　#練習会は朝
#失客対策

働き方を選べる雇用体系、朝練習会……
1店舗でもできる取り組みとは?

2009年に福岡天神でオープンした『Daisy』。長く働き続けられるサロンを目指すオーナー松田さんのもと、2名のママスタイリストを含め、12名のスタッフ全員が輝ける環境が整えられています。そんな「辞めたくないサロン」を叶える仕組みとは?

▶ オーナーに interview

『Daisy』オーナーの
松田秀則さん。

 取り組みを進めるうえで
困難だったことは?

 苦労はなし。今後も働きやすさを
追求し続けたい

　独立当初から「お客さまにもスタッフにも居心地のいいサロンをつくりたい」と考えていたので、働きやすさにつながる取り組みを進めるうえで苦労と感じたことはないですね。ただ、今のサロンは3階に位置していて階段を利用しないと来られないので、お腹の大きなお客さまやスタッフは通いづらいんです。いずれはバリアフリーのサロンの用意を考えています。また、他のスタッフのために独立支援の仕組みも整えたい。スタッフ全員が将来を描けるサロンとなるために、今後もさまざまな取り組みを積極的に進めたいです。

 取り組みを始めたい
オーナーの皆さまへメッセージを

 明日からでもできることはあるはず。
即、実行を!

　長く働き続けてもらいたいと考えているなら、スタッフの環境の変化に合わせて、サロンも変わらなければならないと思います。そのためにはまず、スタッフの話をしっかり聞いて希望や状況を把握する。そして、小さなことからでもいいので、できることをすぐに実践することが大切です。たとえば、ミーティングを朝に行なうとか、ママは少しでも早く帰れるように閉店後の掃除を免除するなど。話し合いながら行動すれば、協力が得られ、自然とかたちになっていきます。ぜひ明日にでも、できることからはじめてほしいです。

PICK UP 1

正社員・準社員・パートの中から
個々の事情に合わせて選べる雇用体系を用意

どんな仕組み？

　正社員・準社員・パートの中から、ママスタッフの希望と事情に合った雇用体系を選ぶことができる。たとえば、時短勤務で社会保障もしっかりと考えるママは、1日6時間勤務の準社員を選択。育児中心で働きたいママは、自由に勤務時間を設定できる時給のパートで勤務。希望の働き方ができるよう、休みたい曜日を含め、柔軟に対応している。この仕組みは、ママ同様、結婚後の女性スタイリストも活用できる。

メリットは？

　現在、既婚の女性スタッフ1名、ママスタッフ2名がこの仕組みを活用。希望の働き方ができることで、優秀な人材の離職を防げている。また、子育て中のお客さまも多く、子どもの話ができるスタイリストがいることでお客さまの高い満足度にもつながっている。

　さらに、現場で輝くママスタッフは、若手の女性スタッフたちが将来を描く際の良いお手本に。結婚・出産後も同サロンで働き続けられることをイメージしてもらえるようになった。

女性スタッフ8名のうち、ママスタッフは2名。ママスタイリストの木下さくらさんは、準社員を選択し、子育てと仕事を両立中。

PICK UP 2

ママが参加しやすく、早く帰りやすいよう、練習会・ミーティングは朝に実施

(どんな取り組み?)

結婚する女性スタッフが増え始めた3年ほど前から、就業後に実施していた練習会やミーティングを午前にシフト。基本的に、開店前の9時〜11時の中で行なうようにしている。始めた当初は、若手の男性スタッフから「朝早いと夜遊びできなくて辛い」との不満の声も聞かれたが、ママへの理解促進を同時に行なうことで解消。意義を理解し、前向きな気持ちで参加してくれている。ママだけが特別扱いされているわけではないとの認識が浸透しているため、復帰後も雰囲気がぎくしゃくすることなく、積極的にママをフォローしてくれている。

(メリットは?)

既婚女性やママが早く帰りやすいように、また、女性スタッフが暗い夜道を帰らなくてすむようにとの思いではじめた同取り組み。朝に行なうことでママも参加しやすくなり、スタッフ間の結びつき・協力体制がより強固なものになるという、うれしい効果も生まれている。また、夜の時間を自由に使えるので、営業終了後にさらに自主練習するアシスタントもいて、成長スピードが上がっている様子。

朝の練習会は、技術向上のほか、ママと他のスタッフとの交流を深める場にもなっている。

PART 1　ママを働きやすくする

PICK UP 3
育休期間も、引継ぎ担当者も「希望第一」で休職中も安心

どんな取り組み？

復職のタイミングは、保育園探しや出産後の体調などにも左右されるため、産休前に決めることは難しいもの。産休・育休中のママとこまめに連絡を取り、希望をヒアリング。育休期間は、個々の事情に沿って柔軟に対応している。

また、引継ぎ時は、お客さまごとにぴったりの担当者を、ママスタッフ自身が指名。カルテを活用しながら、細かな点もしっかりと引継ぎを行なっている。お客さまへの案内は、本人による説明のほか、サロンからも全顧客に産休のお知らせハガキを送付。お客さまの不安解消とママが復帰しやすい環境づくりに努めている。

メリットは？

産休・育休中に想定外のことが起こっても、復帰時期を臨機応変に対応してもらえるので、不安なく復職の道を選ぶことができる。また、お客さまそれぞれの好み・性格に合ったスタイリストに引き継げるので、指名客へのご迷惑・産休中の顧客減少ともに、最小限におさえられる。安心して産休に入ることができ、復職時の不安解消にもつながっている。

普段からカルテには細かな情報を記載。休職中のお客さま情報もカルテを通して詳細に知ることができるので、復職後もスムーズな接客が可能。

salon data

Daisy　デイジー

住所	福岡県福岡市中央区大名
創業年	2009年
店舗数	1店舗
スタッフ数	12名

tip・top 吉祥寺店
@ 東京都武蔵野市

#全スタッフ51名〜　#11店舗〜
#産休　#育休　#時短勤務
#選べる雇用・勤務形態　#キャリア

09

17店舗中、女性店長が12名！
時短ママ店長も活躍するサロン

東京、埼玉に17店舗を展開する老舗サロン『tip・top』。スタッフは女性比率が高く、9年前までは妊娠・出産で退職する確率は100％。ところが現在は一変して、ほとんどが産休を取って戻ってくるように。この大きな変化はどんな取り組みによるものなのでしょうか。

▶ 執行役員に interview

『tip・top』を運営する株式会社メークエンドウの
執行役員の白石 智さんに聞きました。
白石さんは総務、法務、労務などを担当。

Q. 女性活躍の取り組みを始めたきっかけは？

A. 初の産休希望スタッフに、良い労働環境を提供したいと思ったから

実はこれと言って、会社としての取り組みはなかったのですが、8年前にはじめて産休を願い出るスタッフが現れました。そのとき、就業規則を根本から整え直しました。弊社の営業時間と営業日数を維持しながら、労働基準法を順守したものに変更したのです。その成果が、今出てきているのかもしれません。社保完備なんて会社としては当たり前のことですが、美容業界はそこをおろそかにしてきました。当たり前の労働環境を提供できれば、出産後も女性たちが生き生きと働き続けられるのではないでしょうか。

Q. これからやりたいことは？

A. 十人十色の要望に対して、応えられることを増やしていきたい

同じ子育て中の女性スタッフでも、ディレクター（店長）として頑張りたい人もいれば、無理せずほどよく働きたい人もいます。1人ひとり望んでいることが違うので、多くの意見に耳を傾けて、対応できることを増やしていきたい。現在、準社員の勤務時間や勤務日数は各人の希望に応じて決めていますが、これは第一歩。より柔軟性を高めて、ママスタッフたちが安心して活躍できる場をさらに広げていきたいと考えています。

PART 1　ママを働きやすくする

PICK UP

時短勤務でも、能力があれば店長に復職できる

どんな取り組み？

　同店ではスタッフの約7割以上が女性で、17店舗あるうちの12店舗で女性ディレクター（店長）が活躍している。ディレクターには店づくりを一から任せており、店ごとにオープンからの方針を貫きたいというのが会社の想い。これまで店を育ててきてくれた能力のあるスタッフには、出産後も変わらずにディレクターを務めてほしい。そこで、フルタイムの正社員や時短の準社員など契約形態にかかわらず、ディレクターのままでの復帰を打診。本人が望めば、産休・育休前と同じ役職で働き続けることができる。

メリットは？

　会社が声をかけるのは、もともとディレクター職にやりがいを感じて頑張ってきたスタッフたち。「育児中はゆっくり働きたい」という声もあるが、なかには快諾するスタッフも。「夜のミーティングに出られない分、朝礼で伝達をしっかりする」など、自ら課題解決に動いている。会社にとっては、信頼できるスタッフに引き続き店を任せられることがメリット。スタッフにとっては、時短勤務になっても役職を失わずに働けることが、モチベーション維持につながっている。

吉祥寺店のディレクター、狩野なずなさんも時短で働くママスタッフ。キャリアが長く、指名のお客さまが多いママスタッフは、復帰後すぐにペースを取り戻せる。

---

salon data

tip・top 吉祥寺店　　チップ・タップ きちじょうじてん

住所	▶ 東京都武蔵野市吉祥寺南町
創業年	▶ 1986年
店舗数	▶ 17店舗
スタッフ数	▶ 8名（取材店舗）

SNIPS CAOS
@ 新潟市中央区

#全スタッフ51名〜　#3〜5店舗
#産休　#育休　#時短勤務
#選べる雇用・勤務形態
#キャリア　#失客対策

10

店長、副店長ともに時短ママ。
デザイナー集団の工夫と強みとは？

新潟から常に最新のトレンドを発信し続ける『SNIPS』。中でも『SNIPS CAOS』は、店長・副店長ともにママスタイリスト。オーナーの由藤さんは「ママスタイリストが目立つ集団である前に、コンテストで優勝するとんがったデザイナー集団でありたい」と話します。そのスタッフ育成の秘密とは？

▶ オーナーに interview

『SNIPS』オーナーの
由藤秀樹さん。

Q. 女性店長が産休中や復帰後の時短勤務でも店長のままの理由は？

A. 産休だからといって店長でなくなるほうがおかしい

そもそも杉浦（『SNIPS CAOS』店長）を店長にしたのは、彼女が店長としてふさわしいポテンシャルを持っていたからです。この先若手が育ってくれば変わることもあるかもしれませんが、現時点で『SNIPS CAOS』の店長であるべき人材は杉浦であり、その役目を果たしています。もちろん、産休中は副店長が店長の役割を担っていた部分もあります。しかし、産休前の現状で、スタッフをフォローし育てるという役割を全うしていた人材に対して、産休中や時短が店長の肩書きをはずす理由には全くならないと思います。

Q. 多様な働き方や女性のための制度で経営として難しい部分は？

A. 変化の激しい時代に対応できなければ、経営は続けられない

バブルが崩壊して以降、経済環境はもちろん、働く人もお客さまも変わっています。個々のスタッフが持つ才能をどう伸ばすのかが、経営者に突きつけられた課題。多様性を受け入れ、制度を柔軟にするには、強い組織で売上げを上げていなければできません。そのため、スタッフには「働き方は多様でもいいけれど、スタイリストとしては強みを持っていなければならない。普通ではダメだ」と言っています。他のサロンではできないデザイン力、技術力を持った集団だからこそ、多様性も受け入れられるのです。

PICK UP 1

女性のための制度は、女性スタッフ自身に考えさせる

どんな取り組み?

同店ではじめてのママスタイリストは『SNIPS CAOS』の店長・杉浦志穂さん。妊娠の報告を受けたとき、由藤さんは「男のオレにはわからないから、杉浦の希望で産休とか自分で決めていいよ」と伝えたそうだ。杉浦さんを信頼し、期待しているからこそ言えた言葉だ。前例がなかったため、杉浦さんは自分自身で一般的な制度などを調べて、自身の産休の取り方を決めて報告。杉浦さんの出産以降は、ママスタイリストが続々と増えたため、5年ほど前に幹部合宿で有給や育休の在り方を検討し、制度化した。「日・祝の出勤は自己判断で決められる」「未就学の子どもの病気休暇は、法定の有給休暇とは別に、上限なしで有休として取得できる」など、幹部合宿で多くの女性のための制度が決められ、発信された。

なぜそうした?メリットは?

由藤さんは、一緒にサロンを盛り立ててきた仲間には、ずっと仕事を続けてほしいと考えている。けれど男性の立場では妊娠・出産に臨む女性の体調のことなどはわからないため、「本人が無理なく続けられる方法を選んでくれればいい」と考えたそうだ。杉浦さん以降に制度化したのは、「経営者は社員の人生に貢献しなければならない」という想いがあったからだ。従業員満足を高めた結果、「子どもを産んでも辞めないことが当たり前」の風土になった。

ママスタイリスト1号の杉浦さん。同店舗にはほかにも2名のママスタイリストがいる。

PICK UP 2

女性店長の産休・育休中には代理の店長はたてず、若手が成長するチャンスととらえる

店長と副店長が時短勤務のママスタイリストのため、夜は若手が責任を持って店長の代わりを勤めている。

どんな取り組み？

杉浦さんが産休に入るときに、由藤さんは杉浦さんを店長からおろさず、代理の店長もたてなかった。杉浦さんはその後2人目の子どもを産んだが、そのときも全く同様だったそうだ。

背景とメリットは？

「店長の役割は時間をサロンに預けることではない。いずれ復帰することがわかっているし、スタッフのメンターである杉浦を店長からはずす選択肢はありませんでした」と由藤さん。あえて店長不在としたことで、スタッフたちが杉浦さんの復帰を心待ちにするムードが生まれたそうだ。杉浦さん自身にも、店長としての責任と自覚が今まで以上に増すきっかけとなった。また、「人が育つチャンスだと思いました。組織では重要人物がひとり抜けると周囲が育つのです」(由藤さん)。店長の復帰が前提のため、完全な権限委譲ではないが、「仮委譲」というかたちで「責任を負うとはこういうことだ」という景色を見せることができ、若手の経験値が上がった。

PART 1 ママを働きやすくする

PICK UP 3
産休前に引継ぎノートをつくり、お客さまの情報を細かく伝える

どんな取り組み？

女性スタッフが産休に入る際、ノートを使って丁寧に引継ぎをしている。ノートにはカルテ情報だけでなく、施術の仕方の好みや、会話に役立つことなど、お客さま1人ひとりの細かな状況まで書かれている。

きっかけとメリットは？

ママスタイリスト1号の杉浦さんが1人目の子どもの産休に入る際は、引継ぎノウハウがなかった。そのため、きちんとした引継ぎができず、月に200人いた指名が復帰後に半減してしまったそうだ。その反省から、2人目の産休の際には、引継ぐスタッフはお客さまの希望を優先。チーム体制にしてノートで細かくお客さま情報を共有した。それにより、復帰後は多くのお客さまが戻り、引継いだ後輩の指名を続けることはあっても、店からお客さまが離れることはほとんどなかったそうだ。それ以来、サロン全体で引継ぎノートを共有している。

ノートに書かれている通りに施術・接客をすれば、スムーズにお客さまに対応できるようになっている。

---

salon data

SNIPS CAOS スニップス カオス

- 住所 ▶ 新潟県新潟市中央区笹口
- 創業年 ▶ 1998年
- 店舗数 ▶ 4店舗
- スタッフ数 ▶ 11名（取材店舗）

53

アトリエ cocoanne
@ 栃木県宇都宮市

#全スタッフ51名〜　#11店舗〜　#産休
#育休　#時短勤務　#経済的補助あり
#選べる雇用・勤務形態　#キャリア
#ブランク解消のフォロー
　　#キャリアメンター

創業53年のサロンの「ママサポート制度」とは？

宇都宮市内に17店舗展開する『ビューティアトリエ』グループで、ヘア、エステ、ネイルと、トータルビューティーを提供する『アトリエ cocoanne』には、子連れママも多数訪れます。3児のママでもある取締役の飯塚さんに、「働きやすさ」につながる施策について聞きました。

▶ 取締役にinterview

取締役サロンサポート部部長の飯塚悦子さん。

Q. ママ美容師のための取り組みに力を入れる理由は？

A. 安心して働き続けられる環境を整え、美容業界を変えたいから

　美容業界は、働く誰もが子どもを大学までちゃんと出してやれる労働環境かというと、残念ながら「はい」と言い切ることは難しい状況。それでは魅力的な職業とは言えず、なり手も増えるはずがない。だから、今頑張っているスタッフたちのためにも、これからのためにも、業界を変えたいと思っています。そのためには、一般企業並みに福利厚生や働く環境を整えることが大切。妊娠・出産がきっかけで離職することのないよう、ママに関する制度を整えることは、オーナーにとって必然なんだと思います。

Q. 取り組みを進めるうえで、難しいと思う点は？

A. ママスタッフ自身の意識を変えること

　子育てしながら働くことは、まわりに助けてもらえてこそ叶うこと。だからこそ、ママは手を差し伸べてくれるスタッフたちに、感謝の気持ちを持つことがとても大切だと思います。でも、助けてもらえる状況を当然と受け止めている若手が見受けられます。スタッフ全員が気持ち良く働き続けられる環境をつくり出すには、制度を整えるだけではなく、ママの意識を変えていかないと難しい。そのために、面談や日々の会話など、密な対話の中で、「感謝の気持ちを持つことの大切さ」を常に語りかけるよう努めています。

PART 1　ママを働きやすくする

PICK UP 1

パートで働く**ママの技術力UP**を目指し、月に2回、**時給ありのトレーニングを実施**

技術だけでなく、会社の理念や方針の共有もできる場となっている。

《 どんな取り組み？ 》

　パートで働くスタッフを対象とした、技術トレーニングを実施。月に2回、サロン内で最新の技術や接客方法などが学べる機会を設けている。平日に本社に集まってもらい、教育担当者の指導のもと、10：00〜16：00までみっちりレッスン。トレーニング中は時給が発生する。

《 取り組みをはじめたきっかけは？ 》

　ママスタッフを集めてヒアリングしたところ、「技術面で不安を感じている」パート勤務のスタッフが多数いた。技術やトレンドに不安があるママに、新しい技術が学べる場をつくり出せていなかったことがわかり、教育課とカリキュラムを作成。今年1月から、半年間を1セットとして実施することとなった。より良い技術を学べない状況は、ママが疎外感を抱いて働きづらいと思う原因になる。また、お客さまにベストなものを提供できていないのは、サロンにとってもマイナスポイント。トレーニング後、みんなにイキイキとサロンで働いてもらえるよう、カリキュラムは随時、改良を加えていきたいと考えているそう。

PICK UP 2

時短ママが正社員のまま働ける「短時間正社員制度」を導入

取締役の鈴木さんも、短時間正社員制度を活用しながら活躍しているママの1人。

どんな制度？

所定労働時間をフルタイム社員の6〜7割とした、「短時間正社員制度」を導入。産休・育休後に時短勤務を希望した場合も、所定労働時間をクリアすれば、正社員として福利厚生を受けることができる。「夫の扶養の範囲内で働きたい」などの場合は、パートで働くことも可能。休みたい曜日についても柔軟に対応しており、ママは家庭の事情や育児方針などに合わせて、希望の働き方を選ぶことができている。

この制度を導入したきっかけは？そのメリットは？

女性スタッフの比率が7割を超える『ビューティアトリエ』グループ。彼女たちに、安心して働き続けられる環境を提供したいとの想いから、10年前に「短時間正社員制度」を導入した。現在、3児のママである飯塚さんを含め、10名のママスタッフがこの制度を活用中。サロンや本部で活躍するママたちは、若手の女性スタッフが未来を描く際の良き手本となっており、サロンが目指す「子どもを産んで育てながらでも働ける会社」を体現する存在となってくれている。

PART 1　ママを働きやすくする

PICK UP 3

復職後に目標を持って働けるよう、産休前面談で、ママと一緒に「キャリアプラン」を計画

どんな取り組み？

はじめてママになる場合は特に、今後の働き方がイメージできず、不安に思う女性スタッフは多い。そこで、妊娠の報告を受けた際に、飯塚さんによる面談を実施。「時短勤務で働きたいか」「役職に就きたいか」など、出産後に希望する働き方や今後目指したいポジションなどを丁寧にヒアリングしながら、復職後の「キャリアプラン」をママスタッフと一緒に考えている。また、産休・育休制度などの説明のほか、働く先輩ママとして、職場復帰したときの心構えなどもアドバイス。ママとなって働くことへの不安払拭に努めている。

メリットは？

ママが復職後の働き方や、今後どうなりたいかを明確にイメージできることで、復職後も目標を持って意欲的に仕事に取り組むことができる。「アシスタント時代にママとなったスタッフが、時短で働きながらスタイリストデビューできることがわかり笑顔になったことも。どんな働き方ができるか、どうすれば希望を実現できるか、具体的に提示してあげることは大切だと思います」と飯塚さん。取り組みをはじめた3年前から、妊娠・出産がきっかけで退職したスタッフはゼロ。サロンにとっても、離職防止に大きな効果をもたらしている。

「ママとして働くことはとても不安に思ってしまうもの。労働環境の面だけでなく、気持ちの部分もサポートしたいと考えています」と飯塚さん。

---

salon data

アトリエ cocoanne　アトリエ ココアネ

住所	▶ 栃木県宇都宮市インターパーク
創業年	▶ 1963年
店舗数	▶ 17店舗
スタッフ数	▶ 8名（取材店舗）

57

dowku
@ 仙台市泉区

#全スタッフ10名以下　#1〜2店舗
#産休　#育休　#時短勤務
#経済的補助あり
#選べる雇用・勤務形態

12

年間95日以上の休日＆1店舗でも売上げUPする戦略とは？

仙台市郊外の閑静な住宅街にある『dowku』。現在3名のママスタッフが活躍する同店は、「女性が働きやすいサロン」として地元の美容師や関係者の間でも評判のお店。時間の制約があるママも多い中でスタッフのやる気を引き出し、サロンの業績を伸ばしてきた秘密は何なのでしょうか。

▶ オーナーに **interview**

『dowku』オーナーの
工藤欣弘さん。

Q. 女性支援の取り組みを進めた
きっかけは何ですか？

A. 実力のある女性スタッフに
入社してほしかったから

　売上げに貢献できるようなキャリアがあり、技術力の高い女性に入社してもらうためです。住宅街のこの場所で人材を確保するには、街中のサロンとは違うメリットを打ち出す必要があります。社会保険や産休・育休完備で、ほぼ週休2日という条件を揃えているのは、仙台でもうちだけではないでしょうか。また、美容業界は男性よりも女性が長く働けます。女性は年齢に応じた美を追求し、ベテランになるほど力を発揮できます。それは僕が美容師の仕事をはじめてからいつも感じていたことです。

Q. サロンにママスタッフがいる
メリットは？

A. サービスの質の向上に貢献。
若手の良い刺激にも

　ママスタッフは実働時間が短いですが、今まで獲得した熱心なお客さまを連れてきてくれるのがお店にとって大きなメリット。また、良いと思った技術や製品をすぐに取り入れてお客さまに提案できるので、少ない時間で単価を上げる能力も高いです。最近では「女性が働きやすいサロン」と業界でクチコミが流れ、自然に優秀な人が集まるようになりました。さらに若い子たちにとっても良い見本。ママスタッフの働き方から自分の将来像を描くことができるので、より一層頑張ってくれますね。

PART 1　ママを働きやすくする

―――― PICK UP ――――

繁忙期以外は、月曜日と火曜日が定休日。
日曜日が休みのママスタッフには3連休もあり

外から人を招いて休日や閉店後に行なう勉強以外は、なるべく営業中に合間を見て、オーナー自らがレクチャーする。

❪ 始めたきっかけと、メリットは？ ❫

サロン創立から10年間業績を伸ばしてきたが、「同じやり方では頭打ちになる」と危機感を持ったことがきっかけ。それまで月曜日のみだった定休日を「増やす」という逆転の発想で、3年前に導入した。これにより特に3連休が増えたママスタッフは、子どもと接する時間を多く持てるようになった。サロン全体としても、限られた日数で工夫して単価を上げ、売上げを伸ばす意識が浸透。閑散期の休みを増やして働き方にメリハリをつけたことで、繁忙期はスタッフが今まで以上に頑張れるようになった。また、休日の多さというほかにはない好条件によって、稼ぎ頭となる良い人材を確保することもできた。さらに保育園代の半分を「子ども手当」として支給。小学校に上がっても同額が給与に加算される制度も。「最初は売上げが落ちて我慢の1年でしたが、2年目からはその前の10年間よりも業績がアップしています」と工藤さん。

❪ どんな取り組み？ ❫

3月、7月、8月、12月の繁忙期を除いて月曜日と火曜日がサロンの定休日で、スタッフ全員が週休2日に。繁忙期の定休日は月曜日だけだが、8月はお盆休みがあるため、実質出勤日は週休2日の月と同じくらいだ。年間の休日はフルタイム社員で95日以上。さらにママスタッフは隔週日曜日を休みとしているので、月に2回は3連休が取れる。

---

salon data

dowku　ドゥーク

住所	▶ 宮城県仙台市泉区高森
創業年	▶ 2003年
店舗数	▶ 1店舗
スタッフ数	▶ 8名

Natural
@ 宮城県多賀城市

#全スタッフ10名以下　#1〜2店舗
#産休　#育休　#時短勤務
#経済的補助あり
#選べる雇用・勤務形態　#キャリア

13

7名中4名がママ、日祝定休、夕方閉店、1店舗でも売上げは伸びる!

仙台市のお隣、緑豊かな多賀城市の郊外にある一軒家サロン『Natural』。スタッフは全員既婚でキャリア10年以上、うち4名がママ。アシスタントもいません。主婦でもあるスタッフの生活を優先した営業時間ながら、大人女性の支持を集め、業績を上げてきた秘密とは?

▶ オーナーに interview

『Natural』オーナーの
伊藤博之さん。

Q. 女性スタッフを応援するサロンをつくった理由は?

A. 仕事が好きなのに辞めてしまう美容師がたくさんいたから

　これまで、キャリアも技術もあって仕事が大好きなのに、環境がなかったために美容師を辞めた女性の話をたくさん聞いてきました。そして、単純に環境さえあれば長く活躍できるのだと考えました。実現できれば本人はもちろん、お客さまにもお店にもうれしいことです。また、前職の社長がそういう取り組みに熱心な方で、その背中に憧れたのも理由のひとつ。アシスタントを教育するのも素晴らしいことですが、それはほかの人に任せて、僕は僕のできることで、美容師の活躍の場をプロデュースしたいと考えました。

Q. 他社とは違う割り切った経営で売上げに影響は?

A. 価値観を共有するお客さまが増え、手応えとやりがいを感じている

　「どんな集客をするか」「どんなスタッフを募集するか」という根本的なコンセプトから練る必要がありました。主力となってほしいのはキャリアのあるスタイリスト。彼女たちが力を発揮し、限られた時間で売上げを上げるには、贅沢な時間を楽しみたい女性に来てほしい。そのためには技術だけでなく、「大人のちょっぴり贅沢な時間」という空気感も提供しようと考えました。新規のお客さまに割引きをしないのも、価値を認めてくださる方を大切にしたいからです。結果、少しずつですが数字にも表れてきています。

PART 1　ママを働きやすくする

PICK UP 1

エイジングケアに的を絞った技術の取得やアシスタントをおかないことでスタッフの負担を軽減

どんな取り組み？

新しい技術や資格を取り入れるときは、美容界のトレンドやモードを追わないと決めている。徹底して顧客が求める「エイジングケア」のテーマに絞り込み、営業時間を使って勉強している。また、スタッフはスタイリストのみで、アシスタントはおかない方針。接客は最初から最後までほぼマンツーマンで行なっている。

オーナーの伊藤さんは、ママスタッフの高橋奈美さんと一緒に、イタリア発の高級オーガニックカラーの資格を取得した。

背景とメリットは？

限られた営業時間内でスタッフがスキルアップするには、手を広げすぎないことが大切だ。サロンでは明確に大人女性をターゲットにしているので、ダメージケアやスカルプケアなど、エイジングの悩みに応える技術を掘り下げることに集中。時間を効率よく使い、スタッフの負担を減らしている。結果として、エイジングケアの充実に魅力を感じ、通い続ける常連客も増えてきた。

また、アシスタントはいれば助かるが、先輩スタイリストとして彼らに教えなければならなくなるため、時間内に仕事をきっちり終わらせたい場合はかえって負担になる。それよりはベテランが同等の立場でお互いにサポートするほうが効率的と、考えを割り切っている。お客さまも、ひとりのスタイリストが最初から最後までマンツーマンで対応してくれることで、満足感が高まる。このように、経験と技術のあるスタッフが必要な仕事のみに集中でき、持っている能力を発揮できるようにするため、サロンとして可能な限り労力を減らすよう工夫している。

PICK UP 2

主婦の生活サイクルに合わせて営業。
日祝定休、8:30開店で最終受付は16:00までに

(どんな取り組み?)

通常なら集客を見込める日曜日と祝日をサロンの完全定休日とし、営業は平日と土曜日のみに限定。また、朝は早めの8:30にオープンし、最終受付時間を「カット16:00」「カラー15:30」「カット&カラー15:00」などと設定している。最後のお客さまが帰った時点で閉店するため残業はなく、早い日は16:00で終了。遅くとも17:30までには、必ずスタッフ全員が帰れるようにしている。

(背景とメリットは?)

「美容という職業を通してそれぞれが選んだ人生を充実させてほしい」という思いから、福利厚生の充実とともに伊藤さんが重視したのが、全員が余裕を持って勤務できる営業スタイルだ。特に育児中のスタッフにとっては、早くサロンを上がれることで保育園の送り迎えがしやすい。週末の学校行事にも心おきなく参加できる。「加えて、平日の日中に営業し、主婦が忙しくなる夕刻にサッと営業を終えることは"大人女性が日常を忘れるちょっと贅沢なサロン"という明確なメッセージ。店の特徴として打ち出すこともできました」と伊藤さん。主婦のお客さまからも「朝の家事が一段落した8:30から来店できれば、午後の時間を有効に使うことができてうれしい」という声があるそう。サロンで働くスタッフと生活時間が重なる客層を重点的に呼び込んだからこそ、実現できたことだ。

PART 1　ママを働きやすくする

PICK UP 3
ママスタッフに対して毎月「子育て応援手当」を支給

サロンのイベントでは全員が家族のよう。スタッフの子どもたち同士も自然と仲良しになる。

どんな取り組み？

　小学校就学前の子どもがいる社員に、月々3,000円程度の「子育て応援手当」を支給している。今後は「小学校卒業まで」「中学校卒業まで」と期間を延ばしていき、将来的には子どもが18歳になるまで支給できるようにしたいと考えている。

取り組みの背景は？

　現在、女性スタッフには店長経験者が4名もいる。かつては人の上に立ち、バリバリと仕事をこなしてきたベテランが働き方をペースダウンすると、第一線から退いたような気持ちになってしまい、スタイリストとして自信をなくしてしまうこともあるという。「でも決してそんなことはないんです。主婦としてママとして、職場ではプロとして頑張っていることは素晴らしい」(伊藤さん)。オーナーとして「自分をもっと誇りに思ってほしい」という応援の気持ちを少しでもかたちにしたいと考え、2016年から導入した制度だ。ママが頑張ってきた足跡として価値のあるお金になるように、できれば家計ではなく、子どもの学資保険や貯金にあててほしいというのが伊藤さんの願いだ。

salon data

Natural　ナチュラル

住所	宮城県多賀城市高橋
創業年	2014年
店舗数	1店舗
スタッフ数	7名

apish
@ 東京都港区

#全スタッフ51名〜　#6〜10店舗
#産休　#育休　#時短勤務
#選べる雇用・勤務形態　#キャリア
#キャリアメンター　#ママのみサロン

14

復帰後のママの不安解消！
本人の希望を最優先した働き方

裏原宿にオープンして以来、つねに業界のトップランナーとして新しいヘアデザインや技術を提案しつづけてきた『apish』。現在5名のママスタイリストが活躍中です。「ママスタッフが能力を活かせる場をつくる」という取り組みについて紹介します。

▶ オーナーに **interview**

『apish』代表の
坂巻哲也さん。

 ママスタッフ支援の取り組みの
きっかけは？

 会社として続ける方法を
試行錯誤してきた

　創業から軌道に乗ってきた頃、スタイリストから妊娠したと報告を受けました。正直、頭が真っ白に。会社組織にもなっていなかったので制度もなく、復帰できるまで待つことにしました。育児休暇中も給付金の制度など知らなかったので、僕のポケットマネーで援助したり（笑）。それからは就業規則を整えましたが、そのときどきのスタッフの状況によって、制度が合わないことも。壁にぶつかるたびに就業規則を改定するなど、少しずつ整えていきました。今でも復帰後の働き方は、相談しながら臨機応変に対応しています。

 これから取り組んで
いきたいことは？

 変わる状況にきちんと向き合って
成長の場を与えたい

　ママスタッフの状況は子どもの成長とともに変わり、同時に本人たちのワークライフバランスも変わります。彼女たちが今何を望んでいるかを知るために、経営者としてつねにコミュニケーションをとることが大切。幹部に意見を吸い上げてもらったり、ママ＆パパスタッフを家族ごと私の自宅に呼んで家族会パーティーをしたりしています。そこで状況や本音が見えてきます。制度をつくるだけでは女性はついてきません。きちんと向き合って、ママスタッフが活躍できる成長の場を与えることが何より大事だと考えています。

PART 1　ママを働きやすくする

PICK UP 1

育休期間や復帰後の働き方は個別に対応。
ママのリハビリの場として新店舗オープン

どんな取り組み？

　女性スタッフから妊娠の報告があった時点で、復帰への意思確認から産休・育休をとる期間、復帰後の働き方について相談。決まりごとは設けず、時短勤務や週の出勤日数も本人の希望を優先して臨機応変に決めている。また『apish』では全店のシフトを一括で制作・管理している。なので希望があれば、週に○日他のサロンでカットをするなど、複数店舗でのシフト勤務にも対応できる。また、産休後のママスタッフのリハビリの場として『apish COLOR TERRACE』をオープン。現在、週3〜4日勤務1名、週5〜6日勤務1名、表参道店勤務がメインの1名、計3名のママスタッフが在籍している。

背景とメリットは？

　同店は社員の定着率が高く、ベテランスタッフも多い。結婚・出産を経験したママの経験やアイデアをサロンの財産として活かすためには、どんな事情でも無理なく仕事を続けられるよう、1人ひとりに合わせて環境を整えることが必要だった。『apish COLOR TERRACE』が復帰ママスタッフの受け皿になることにより、「早くカットの最前線に戻りたい」「今は育児に軸足を置きたい」など、各人の希望に合わせた働き方の選択肢が広がったという。
　一方、お客さまの中心は大人の女性。若手スタッフを順番に派遣すると、ママスタイリストのカラー技術だけでなく、接客も学べる。また、女性の後輩が派遣されたときは、自然と悩み相談室のような場にも。人生経験豊かで同性のママスタッフだからこそ、なかなか身近な人に言いづらい相談もでき、彼女たちが後輩の心のフォローをしているという。

2015年1月にオープンした『apish COLOR TERRACE』。当初は男性スタッフがリーダーを務めていたが、今年からママである渡辺さん（写真右）が店長に。

PICK UP 2

時短ママは技術以外の役割を担ってもらい、「夢確認書」を使いながら、手当や報酬に反映する

スタッフ全員が持つ「夢確認書」。毎年1冊ずつ作成し、年が終わる頃には書き込みでボロボロになっているそうだ。

そのメリットは？

「夢確認書」は、短期・中期・長期でどのように取り組んでいくかを記入し、毎日朝礼で達成度合いを確認する。できていなければその理由を考え、また次の取り組みに活かすことを繰り返す。半年ごとのボーナスは「夢確認書」の内容をもとに査定し、スタッフ1人ひとりにフィードバックするので「夢確認ボーナス」と名づけたそう。

創業からのメンバーである同店スタイリスト樋口いづみさんは、独身時代もメディアなどで活躍していたが、ママになった今、再ブレイク中だ。時短勤務ながらプレス担当も兼務し、ママスタイリストとしてのセミナーなどにひっぱりだこ。けれど、ママスタッフ全員が彼女のようになれるわけではない。また、育休からの復帰後は、フルタイムで働いている後輩たちに、技術的にも給与的にも抜かされてしまう。「夢確認書」があることで目標を設定し、達成したことをきちんとボーナスなどに反映でき、またその人なりのキャリアプランを描いてもらっている。

どんな取り組み？

女性に限らず全スタッフに「自分が輝ける特長を持て」というのが、坂巻さんの教え。「これだけは誰にも負けない」という強みを目標にして、実現している。それは技術的なことでもいいし、技術以外の役割でもいい。サロン経営には、撮影やプレス対応、助成金の手続きなど事務的な業務がある。時短勤務のママスタッフには、それらの中からいずれかの役割を担うことで会社に貢献してもらっている。それらの目標や役割を確実に達成させるために、スタッフ全員が「夢確認書」を書いている。

PART 1　ママを働きやすくする

PICK UP 3

「キッズ＆ママズデー」や「ファミリーフォトデー」など、ママスタッフ発信のアイデアを次々と実現

どんな取り組み？

　同店は、「apish祭り」と呼ばれるさまざまなイベントを行なっている。ママスタッフたちのアイデアによるものが多数あり、その1つが「キッズ＆ママズデー」。2ヵ月に1回、各店舗持ちまわりで行なっており、保育士さんに来てもらい、子連れのお客さまが心置きなく施術を受けられるというイベントだ。当日もママスタッフが大活躍。保育士と一緒に子どもの世話をしている。

　また半年に1回程度行なっている「ファミリーフォトデー」もママスタッフからのアイデア。家族のうち誰か1人が施術の予約をすれば、プロのカメラマンが家族写真を撮るイベントで大好評だという。

メリットは？

　これらのイベントはサロンのプロモーションやイメージアップに非常に貢献している。それだけでなく、若手のスタッフは年輩のお客さまとの話題に困ることがあるが、イベントの紹介や、参加した感想を聞くことで、会話のネタにもなっているという。

「キッズ＆ママズデー」の様子。たくさんの親子が来店するそう。

---

salon data

apish　アビッシュ

住所　▶　東京都港区南青山（『apish AOYAMA』）
創業年　▶　1998年
店舗数　▶　7店舗
スタッフ数　▶　100名（全店舗）

ROUGE (Blanc)
@ 東京都豊島区

#全スタッフ11〜50名　#3〜5店舗
#産休　#育休　#時短勤務
#経済的補助あり　#選べる雇用・勤務形態
#子連れ出勤可　#失客対策

産休中の売上げ還元や
子連れ出勤もOKなママ支援策！

『ROUGE』4店舗すべてのマネジメントを手がける取締役の岩木さんは、女性がキラキラ輝き続けられる職場をつくった立役者でもあります。「スタッフは家族。一生つき合い続けたい」そう笑顔で語る岩木さんが行なった、ママスタッフのための取り組みとは？

▶ 取締役に interview

『ROUGE』取締役の
岩木 淳さん。

Q. 女性支援の取り組みを進めて良かった点は？

A. 離職率が下がり、会社としても成長できた

　与えられた環境に甘えるというのではなく、スタッフみんなが仲間であるママスタッフのために勉強して、「会社をもっと良くしよう」と頑張ってくれるようになりました。店長の金井をはじめ、「こうすればもっと会社が良くなるのでは」と提案してくれたり、それを実行してくれるスタッフがいたり。本当に離職率はぐんと下がりましたし、経験や技術のあるママスタッフが辞めないことで、会社としても成長できていると思います。「長く働き続けてほしい」との会社の想いに、仕事ぶりを通して、しっかり応えてくれています。

Q. 取り組みを始めたいオーナーの皆さまへメッセージを！

A. 取り組みは、大切なスタッフを守ることにつながる

　社会保険や退職金はもちろん、出産・育児の部分でも、一般的な企業と同じ待遇を整えてあげることが、スタッフを守る会社として大事なことだと思います。うちでは、産休や年末調整などの手続きはすべて本部が行ないます。そういう雑務や将来の不安を取り除けば、スタッフは美容に打ち込める。そうすれば、気持ち良く、長く、働いてもらえると思うんです。大変ですが、みんなで楽しい時間を共有できるような組織をつくっていくことが、会社を続けていくうえでも大切なことではないでしょうか。

PART 1　ママを働きやすくする

PICK UP 1

丁寧なカルテづくりや売上げ還元
産休・育休中のサポートもしっかり

❨ どんな取り組み？ ❩

　普段から、お客さまのカルテには、会話の中でのささいな情報も書き込むよう徹底している同店。産休・育休中に訪れたママスタイリストの指名客のカルテも同様、引継いだスタッフが情報を細かに記載。休み中のお客さまの様子を読むだけで把握できるようになっている。また、月間売上げ100万円以上のスタイリストが産休・育休に入った場合は、自身の指名担当のお客さまが訪れた際、売上げの3％を当人に給与として還元する仕組みも用意。

❨ メリットは？ ❩

　休職中のお客さま情報を、カルテを通して詳細に知ることができるので、復帰後もスムーズな接客が可能。お客さまと円滑にコミュニケーションができ、ご迷惑を最小限におさえることができる。また、売上げを還元する仕組みでは、産休前の働きぶりによって社会保険でカバーされる給与以上を手にすることが可能。仕事へのモチベーションアップや、出産時の金銭面に対する不安解消につながっている。

忘年会でのワンシーン。「本当にみんな仲良しなんです」と岩木さん。自身も「みんなの母」と慕われていて、休日は多くのスタッフが自宅に遊びにくるそう。

PICK UP 2

子ども連れ出勤OK。
スタッフ全員で子育てを楽しむ！

「仲間の子どもの成長を間近で見られてうれしい！」と、預かることに大賛成だったオフィスのスタッフ。皆、喜んでママスタッフをサポートしている。

スタッフの反応は？

オーナー宅での食事会や会社主催のバスツアー、忘年会などを通して、全スタッフが日頃から交流を深め合っている。「スタッフは家族」と考える岩木さんと同じく、誰かの悩みごとは自分の家族・仲間の悩みとして捉えるスタッフばかりだそう。そのため、改装や取り組みを実施する際も、ママスタッフをサポートしてあげられることに喜ぶ意見ばかりだった。

どんな取り組み？

出産後すぐに復帰したいとの女性スタッフの相談を受け、4年前にサロンとともにオフィスも全面改装。フロアを赤ちゃんが寝転んでも安心な床暖房にするなど、保育園が決まるまでの間、オフィスで子どもを預かれるよう整えた。子どもの面倒を見てもらいたいときは、ママスタイリストがオフィスに立ち寄り、子どもを預ければOK。オフィスの女性スタッフ4名が赤ちゃんの成長を楽しく見守りながら、ママスタッフをサポートしてくれる。これまでにママスタッフ3名がこの仕組みを活用。彼女たちが望む早期の復職を叶えている。

PART 1　ママを働きやすくする

PICK UP 3
シフト調整＆時短活用で、「希望通りの働き方」を実現

どんな仕組み？

4店舗を統括する総店長が窓口となり、ママスタッフの希望を丁寧にヒアリング。相談しながら個々の希望に沿った勤務時間＆シフトを提案し、ベストな働き方ができるようサロン全体でバックアップしている。これにより、ママスタッフは「保育園の送り迎えをしたい」「日曜日は家族と過ごしたい」「夕飯づくりなど、家事もきちんとこなしたい」などの希望が叶う。仕事と育児の両立が可能になり、離職率の大幅な低下にもつながっている。

仕組みが生まれた背景は？

個々に合った働き方ができるこの仕組みは、10年ほど前からできたものだそう。「42年営業していると、年齢的なからだの変化によって、今までとは違う働き方を望む女性たちが多く出てきました。うちの会社はスタッフ32名のうち半分以上が女性で、全員が新卒採用の社員なのですが、本当にみんな大切な仲間であり家族。一生つき合っていきたいとの想いから、希望の働き方ができるよう個別で相談に乗るようになり、徐々に仕組みができていったという感じです」と岩木さん。希望があれば相談するという風土が定着しているため、ママスタッフも気兼ねなくこの仕組みを活用、いきいきと働いている。

育休中のスタイリスト片岡絵里さんも、この仕組みを利用して復帰予定。

---

salon data

ROUGE　ルージュ

住所	東京都豊島区南池袋
創業年	1974年
店舗数	4店舗
スタッフ数	常駐4名、他店舗から3名入れ替わり制（取材店舗『Blanc』）

Ange Lavie
@ 東京都豊島区

#全スタッフ11〜50名
#11店舗〜　#時短勤務
#経済的補助あり

16

保育料の一部負担で
不安なく働き続けられるように

現在6店舗を展開する『Ange』ブランドの1つ『Ange Lavie』。オープン当初から育児支援制度を積極的に進めている、女性スタッフにやさしいヘアサロンでもあります。取り組みに力を入れる理由について、ブランドの生みの親である副社長の登坂さん聞きました。

▶ 副社長に interview

副社長であり、
自身もサロンに立つ
登坂さおりさん。

Q. 女性スタッフの育児支援制度に力を注ぐ理由は？

A. 「女性スタッフを応援したい」との想いが原動力

美容師という仕事への努力を活かし続けられる職場をつくりたい。女性スタッフを応援し、その先のお客さまも喜ばせたい。そんな思いで『Ange』ブランドを立ち上げました。業務委託サロンという形態を選んだのは、自分の時間を大切に考える彼女たちに応えたいから。でも、売上げに応じて報酬が決まるスタイルは、不安な部分も。長く働き続けられる場所となるよう、不安をできるだけ取り除かなくてはいけない。すべては大切な仲間である女性スタッフを応援したい気持ちから生まれたかたちなんです。

Q. 実現までに苦労した取り組みは？

A. 保育面のサポートは、かたちになるまで時間がかかった

実は、保育所をつくろうと思ったことがあるんです。でも、設置の条件が厳しく、会社にマンションまで借りてもらったのですが、諦めることになって。保育料の一部負担という仕組みで保育面をサポートするかたちに行き着くまでに、約1年半かかりました。女性が長く働ける環境を整えることは、力強い戦力を得られることにつながり、会社にとっても大きなメリットです。ママスタイリストが気持ちよく働けるよう、これからもオーナーと相談しながら、想いを継続し、行動し続けたいと考えています。

PICK UP

お金の悩みを
保育料一部負担でサポート

どんな制度？

スタッフの多くは、売上げに応じて報酬が決まる業務委託を選択。そのため、これまでのような働き方が難しい復帰後は報酬が下がることが多く、出産後の働き方に不安を抱いている女性スタッフも多かった。そこで、安心して働いてもらえるよう、保育料の一部を負担することに。保育費用の20〜50％（上限3万円）をサロンが負担することとした。基本、負担費用のパーセントは出勤日数に伴うが、復職前に売上げ実績があるなどの場合は負担費用を上乗せ。短時間勤務のスタッフもよりフォローできるような仕組みを整えた。

スタッフの反応は？

現在、北海道の店舗で働く女性スタッフが、都内で働いていたときに第1号として利用。このとき、同スタッフから、「できるだけ長時間働きたい」との相談も受けていたため、自ら同サロン周辺の保育所を探し、預けられるようお願いした登坂さん。無事、入園できて、「制度を目いっぱい活用しながら、効率よく働けてうれしい」と、とても感謝されたそう。

ヘッドスパの資格を持つ登坂さん。専用シャンプー台を購入し、サロンに設置。ママスタイリストにさらなる強みを身につけてもらうべく、講習会も行なっている。

salon data

Ange Lavie アンジュ ラヴィ

住所	▶ 東京都豊島区南池袋
創業年	▶ 2010年
店舗数	▶ 20店舗（グループ全体）
スタッフ数	▶ 15名（取材店舗）

column
オーナーの取り組みきっかけ

美容業界と一般企業の雇用体制がかけ離れ過ぎているのを身をもって体感した『formage』オーナーの西さん。ママ美容師の環境を良くする取り組みをはじめた理由は、十人十色です。

case 2
西 靖晃さん[formage]の場合

憤りが私を変えた！

『formage』の取り組み内容はP.82へ！

PART 2

ほかのスタッフも働きやすくする

ママを働きやすくするには、
同時に"なぜママをサポートする必要があるのか"について
他のスタッフからの理解が必要です。
制度だけでは解決しない、
日ごろからのサロンの理念がどのくらい伝わっているか、
その風土づくりもポイントになります。

pikA icHi
@熊本市中央区

#全スタッフ11〜50名　#6〜10店舗
#産休　#育休　#時短勤務
#協力し合える風土づくり
#選べる雇用・勤務形態

01

ママでも売上150万円を稼げる！
「働きたいサロンNo.1」を目指す経営

誰でも必ず150万スタイリストに育てる美容室として名をあげる『pikA icHi』。
「働きたいサロンNo.1」を目指した経営手法は、美容業界でも話題となっています。
「生産性がいいから働きやすい」という職場を叶える経営方針について聞きました。

▶ 代表に interview

『pikA icHi』代表の
内田善久さん。

Q. 「にこ・キビ・ハキ」で習慣改善に
着目する理由は？

A. スタッフ全員の物心両面での
幸福を実現したいから

　店名の『pikA icHi』は「スタッフにとってピカイチでありたい」と願ってつけました。働くスタッフのハッピーなくしてお客さまにハッピーを提供し続けることはできません。そのために私たちは、お客さまから見た魅力やウリを高めることが必要です。これができる人は笑顔を絶やさずお客さまに寄り添って接しながらも、キビキビと仕事に熱中しているという習慣があります。それらを「楽しみながら学ぶ」といったことも含めて、我々は「にこにこ・キビキビ・ハキハキ」をモットーに習慣改善に取り組んでいます。

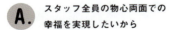

Q. 女性ならではの能力を
非常に高く評価している理由は？

A. 時間の密度を濃く、働く能力は、
女性のほうが長けているから

　お客さまの中心が女性ですから、お客さまが何を求めているかを理解できるのは女性です。それだけでなく、女性は決められた枠の中で、マルチタスクをこなす能力に非常に長けています。男性は「長時間も致し方なし」とパワーで押し切るところがありますが（笑）、女性は時間の使い方がうまい。子どもができるとさらにそれがパワーアップするので、育休から復帰した女性は必ず成長して戻ってきます。その能力は宝物だと思っています。

PICK UP 1
すき間時間を有効活用し、「時間生産性」を上げる

どんな取り組み？

同店では美容師のロマンと生産性とのバランス感覚にこだわった働き方を実践している。営業中のすき間時間に、通常は営業終了後に行なうようなカルテや在庫の管理、アシスタントのレッスンもするように全員で心掛けているという。また、「にこにこ・キビキビ・ハキハキ（にこ・キビ・ハキ）」を会社のモットーとして、業務中のスタッフの動きも気持ち良いほど無駄がない。

同店の取り組みは業界セミナーでも実践体験型レッスンとして取り上げられている（写真はセミナーの際のスタッフたち）。

背景とメリットは？

仕事を続けたい女性スタッフが結婚後に続けられない理由には、「ご家族の理解」や「収入」などがあると代表の内田さんは話す。「子どもや夫をおいて、長時間で低収入の仕事では理解を得られないのは当然。スタッフが働きやすいようにするには、時間を凝縮して無駄な残業はさせず、収入を上げることです。技術も含め、『必ず売れる美容師に育てる』ことが経営者の責任です」（内田さん）。時間生産性アップの習慣が身につくことで、時短勤務中のママスタッフも生産効率が下がらずに済むという。

PICK UP 2
「終わる時間宣言」と「完全撤収デー」で全員が早く帰る

どんな取り組み?

店長が毎日、その日の終業時間を宣言。レッスンで残るのは自由だが、業務については宣言時間がデッドラインだ。それを守るために、スタッフ全員が毎朝「To Doリスト」を書いて自分の1日をデザインする。宣言した時間と実際にスタッフが帰った時間を記録して「見える化」したことで、取り組み初年度は1日平均30分も勤務時間が縮まった。また、毎週木曜日を「完全撤収デー」としている。この日は個人の自主レッスンも禁止し、自分たちで決めた時間に撤収して帰るようにしているそうだ。

メリットは?

「時間のおしりを決めることが大事」と内田さん。デッドラインを確実に守っていくという習慣をつけることで仕事の密度が上がる。また、早く帰れることで、スタッフが自分の時間を有意義に過ごせる。「サロンはお客さまにとってのライフスタイルパートナーであるべき。それにはお客さまの気持ちを理解する必要があります。できるだけみんなで協力して終了時間を早めて、美容師さんもお客さまと同じような美容や社会の経験などを多くできるようにしていくことは大切だと思っています」(内田さん)。

大学時代をほとんどアルバイトに費やしたという内田さんは、もともと美容に限らず経営そのものに関心が高かったそう。

PART 2　ほかのスタッフも働きやすくする

PICK UP 3
出産後の時短勤務中も正社員として雇用

ママスタイリストの本村さん（左）は、「後輩たちに子どもができても、ますます美容師を楽しく続けるロールモデルになりたい」と考えている。

背景とメリットは？

本人が希望する場合以外で、正社員として活躍していた女性スタッフがパートにならざるを得ない場合、気持ち的なダメージが大きいと内田さんは考えている。「美容業界以外の一般企業では当然のことではないでしょうか。女性のお客さまが中心の美容業界では、女性スタッフの共感力や対応力は欠かせないため、絶対に辞めてほしくないのです」（内田さん）。未来ある女性スタッフが正社員であり続けることは同店にとっては普通のことだと語る。

どんな取り組み？

同店は社会保障完備で産休・育休制度もある。育休後に復帰した際は、保育園の送迎で時短勤務になる女性スタッフがほとんどだが、その期間中も全員正社員のまま雇用している。

> ママ美容師 interview

本村貴子さん[pikA icHi]

月間500名の指名客が、育休復帰後に半減。そこから見えた「みんなで頑張る」大切さ

『pikA icHi』の中心的存在として開業時から勤める本村さん。今ではママスタイリストのロールモデルとして活躍中です。でも、育休後には大きな挫折感も味わったそう。彼女の現在までの道のりを紹介します。

もとむら・たかこ／スタイリスト歴18年。現在上通り店と八代店の2店舗勤務。基本はフルタイムで、八代店で予約がない場合は9:00〜16:00で勤務中。

Q. スタイリストとして壁にぶつかったことは？

A. 育休復帰後にたくさんのお客さまを失ったこと

　妊娠するまでは10年間、とにかく働いて、お客さまを増やして、お店を大きくしてと、駆け抜けてきた感じでした。それが楽しくて仕方がなかった。当時、月に約500人のお客さまを担当していましたが、美容師だった母を見て育ったし、産休前の後輩たちへの引継ぎもスムーズだったので、子どもができても大丈夫だろうと当初は軽く考えていました。ところが3ヵ月間の育休から復帰したら、半数近いお客さまが戻ってきてくれなかった。仕事中心で生きてきたので、とてもショックでした。けれどお店の売上げは伸びている。私のお客さまを分散して引継いだ後輩の一人ひとりが急成長していたのです。そのときに「あ、代表が言っていた『みんなでハッピーになるサロン』って、こういうことか」と気づいたのです。私1人が頑張るのではなくて、みんなの力を借りながら、みんなで頑張ればよかったのです。復帰してから子どもの体調などで早退できるのも、スタッフの協力あってこそだと心から感謝しています。

Q. 子育てしながら、車で1時間以上かかる、距離の離れた2店舗をかけもち。生活は大変ではないですか？

A. 「働くママ」の姿を後輩に見せることも私の役目

　現在は子どもの学童保育の関係で、保育園に預けていた頃よりも早く息子が帰宅します。そのため、お客さまの予約がない場合は息子のお迎えを優先し、スタッフの協力のもと、16:00頃に退勤させてもらっています。また、主人の育児協力もあるので無理なく働けています。「上通り店」と「八代店」は距離が離れているからこそ、どちらにも顔を出して、ママでも働ける姿を後輩女性たちに見せています。当店は基本的には予約制ですから、子どもの学校行事などがあっても、お客さまが自分の予定に合わせてくれる仕事です。でも、それができるのも、「みんなで」やっているから。2店を行き来することで、自分がいなくても店がまわっていることも伝えられるので、私がママスタイリストのロールモデルとして背中を見せたいと思っています。

PART 2　ほかのスタッフも働きやすくする

本村さんの Life History

15歳　実家が美容室だった影響で、子どもの頃から美容師を目指していた。進学校の高校に入学とほぼ同時に、通信制の美容専門学校に入学。部活の代わりに美容の勉強をして、高校と専門学校を同時に卒業。

18歳　高校卒業と同時に東京に上京。目黒の美容室に入社。通信制の専門学校では学科の資格のみ取得していたため実技を学び、1年後に資格取得。

同店が開店した頃。前列中央がお母さま。

19歳　歩合給が高い、多店舗展開する大手の美容室に転職。

21歳　スタイリストデビュー。デビューしてすぐ、調子よく売上げが伸びていった。

22歳　実家の美容室を兄が引継ぎ、『pikA icHi』としてオープン。自分もサロンの考え方、方針に惹かれて故郷の熊本に戻る。開店とともに急激な勢いで成長。自分の月間売上も毎年100万ずつ増えていった。

29歳　設計の会社に勤めていたご主人と結婚。結婚の際、お母さまが「夫婦の休日が別々だとすれ違いが多くなる。休日が同じ仕事ができないものか」と助言。2人に相談して、ご主人が事務担当として『pikA icHi』に入社した。

ご主人と息子さんと。「主人の理解と献身があってこそ今の自分がある」と語る本村さん。

31歳　長男を妊娠。働く母を見て育ったため、当然すぐ復帰するつもりで産休・育休に入る。産休前に月に500人担当していたお客さまを後輩に引き継ぎ、長男が生後3ヵ月のときに復帰したが、半数近くのお客さまを失客し、大きなショックを受ける。しかし、店は成長しており「みんなで働くこと」の意味を知る。

37歳〜　現在は、『pikA icHi』八代店と上通り店を兼務。息子が保育園の頃は、長時間預けられていたため、イクメンのご主人にも支えられほぼフルタイムで勤務できていた。小学校入学後は息子の帰宅時間が早くなり、基本はフルタイムだが、八代店で予約がない場合は9:00〜16:00で勤務している。

長男の育児の経験で男性スタッフを見る目がやさしくなったそう。

※色のついた部分が人生の転機を表しています。

---

salon data

pikA icHi　ピカ イチ

住所	熊本県熊本市中央区上通町
創業年	1998年
店舗数	6店舗
スタッフ数	23名（取材店舗）

formage
@ 神戸市中央区

#全スタッフ11～50名　#6～10店舗
#産休　#育休　#時短勤務
#経済的補助あり　#選べる雇用・勤務形態
#協力し合える風土づくり

02

360度評価システムに、社員会など、ユニークな制度満載の理由とは？

2003年、神戸・三宮に『formage』をオープン。「美容業界でいちばん働きたい会社になること」を目指し誕生した同社は、独自の待遇で美容師から人気のお店に。オーナー西さんに、創業当初から整備してきたという女性のための取り組みと、かける想いを伺いました。

▶ オーナーに interview

『formage』オーナーの
西 靖晃さん

Q. 取り組みをはじめたきっかけは？

A. 美容業界の雇用体制が一般企業とかけ離れているから

自分が美容業界で働いてきて、突然クビを宣告されるなどひどい扱いを受けたことが多々ありました。「あまりに一般企業と雇用体制が乖離（かいり）しすぎている。こんなことがまかり通っていていいのか」という憤りを感じていて、「もっとこうしたら、美容師が楽しくやりがいを持って働けるのではないか」というアイデアがどんどん溜まってきたんです。それを実現するために起業。「美容業界でいちばん働きたい会社」にするために、なによりも優先して「雇用環境の充実」に取り組んできたというのが当社の歴史です。

Q. 個別の事情に応じた制度とはどんな内容？

A. 1人暮らしや男性スタッフへの福利厚生の充実など

1人暮らしのスタッフには家賃補助を、家族が増えたスタッフには、世帯主の場合に限られるが家族手当を支給しています。子どもが生まれた場合、1人当たり5,000円が手当として月の給与にプラスされます。既婚女性だけでなく、1人暮らしの人や家族が増えた男性の待遇も充実させることは、僕が発信する言葉だけではなく、制度でも示すことにもなります。「お互いを想い合う気持ち」が生まれ、産休・育休・フレックス制度を利用する女性への理解を深めることにもつながっています。

PART 2　ほかのスタッフも働きやすくする

PICK UP 1

売上げ以外の頑張りを反映できる「360度評価」を用いた固定給与システム

どんなシステム？

　美容師の給与は、完全歩合制や「基本給＋歩合」など、指名売上げの影響が大きいかたちが一般的。だが、同グループでは独自の給与システムを構築。基本給、能力給、時間外手当や店長手当などの各種手当から給与額を算出し、固定給としている。このうち、能力給は3ヵ月に1回査定を行なって算出し、その際は、仕事上で関わる上司や同僚、部下が被評価者を評価する「360度評価」を導入。お店で働いている自分以外のスタッフが自分の成績をつけ、店長も評価される仕組みになっている。フレックス制度を利用する女性にとっては、時短のために指名売上げが下がった場合に、お店への貢献度などに応じた評価を得ることができる。

あたたかな笑顔溢れる店内で。「360度評価をやっていると、みんな助け合いや感謝が大切だということがわかってくるので、お店の雰囲気も良くなります」と西さん。

どうしてつくった？

　指名売上げの何パーセントという歩合制の場合、売上げ以外の頑張りが評価されにくい。例えば売上げ100万円のスタッフが2人いて、1人が後輩の教育やほかのスタッフのフォロー、雑務などを頑張っていて、もう1人はまったくやらないとする。それでも2人の給与が同じになるのが歩合の難点だ。そこで、もっとフェアでスタッフが納得でき、安心感のある給料システムはないかと考え、改善を繰り返して辿り着いたのがこのシステム。「360度評価」により、お店やほかのスタッフのための献身的な働きを給与に反映できる体制を実現した。

PICK UP 2

自分以外のスタッフを大切にできる人材を育てるため、会社の理念を共有するセミナーや社員会を実施

どんな取り組み？

　ほかのスタッフの負担が、産休や時短などにより増えてしまうことはどうしてもある。そんなときでも助け合いの気持ちが持てるよう、会社の「一緒に働く仲間を大切にする」という方針を伝える場を定期的につくっている。セミナーを2ヵ月に1回、社員会を半年に1回開催。いずれも勤務時間中に行ない、オーナー自身が社員としての心構えや、制度の変更といった会社の動きを社員に直接、説明。10年以上、毎日更新しているブログでも、スタッフへのメッセージを発信している。

お店のスタッフの声やキャンペーン紹介などが掲載されたニュースペーパー。2月号にはサンタ営業や書き初め大会の様子が。スタッフの笑顔がいっぱい！

グループ店舗『LUXE』で店長を務める鬼生田さん。お店の雰囲気の良さの理由を伺うと、「会社の方針のおかげで、いいメンバーが集まってくるんです」と笑顔で話してくれた。

取り組みをはじめたきっかけは？

　創業以前に、「ザ・リッツカールトン・ホテル」の「インターナルカスタマー」という考え方に出会ったのがきっかけ。「中のお客さま」という意味の言葉が示す通り、「一緒に働くスタッフをお客さまと同等に扱おう」という取り組みだ。「この考え方に共感して、今もずっとスタッフに言い続けています」とオーナー。ほかにもさまざまな本からアイデアや情報を得ているそう。

PART 2　ほかのスタッフも働きやすくする

PICK UP 3

母として、妻として働き続ける美容師を応援。
正社員のまま「時短」ができるフレックス制度

どんな制度？

　産休・育休制度は人を雇ううえでの大前提と捉え、法定通りに取得が可能。育休後に復帰する場合は、正社員、フレックス制度を使った正社員、パートと3つの雇用形態から選択ができる。フレックス制度は子どもがいる・いないに関わらず、既婚女性なら利用可能。完全週休2日、週30時間以上の勤務で、土日どちらかの出勤が条件。それを満たせば自分で時間を調整することができる。正社員のため社会保険も加入。給料は独自のシステム（P.83のPICK UP 1に記載）に基づく固定給に、歩合がプラスされる。正社員のときと比べると、時短になる分、固定給はどうしても低く設定される。それをカバーするため歩合をプラスし、モチベーションを高めるようにしている。

急な早退・欠勤への対応は？

　ママスタッフにとって、子どもの発熱などによる急な早退や欠勤は避けられないもの。その場合、欠勤扱いにせず、時間単位で有給休暇を利用できる「緊急有給休暇制度」を設けている。フレックス制度利用者の場合は年間40時間。社員の場合は5日間を緊急有給休暇枠に設定。たとえば、16:00までの勤務予定だが13:00に帰る場合は、3時間を有給にできる。子どもの風邪などで実際に多くのスタッフが利用しており、ママスタッフが働くうえで大きな助けとなっている。

ママスタイリストの澤田さんもフレックス制度を利用。「子育てと仕事、楽しく両立できています」と話す。

---

salon data

formage　フォルメージ

住所	兵庫県神戸市中央区加納町
創業年	2003年
店舗数	6店舗
スタッフ数	6名（取材店舗）

Acotto
@ 東京都世田谷区

#全スタッフ11 〜 50名以下
#3 〜 5店舗　#産休　#育休
#時短勤務　#選べる雇用・勤務形態
#協力し合える風土づくり

03

ママスタイリストのキャリアを
フルに活かす経営

東京・下北沢駅からほど近い住宅街に位置する『Acotto』は、3店舗を展開し、若者の街・下北沢で、ずっとおしゃれをし続けたい大人女性やママを中心に人気を集めています。ママスタイリストのキャリアをフルに活用する経営は、女性スタッフの活躍支援を検討するオーナーの方々への参考になりそうです。

▶ 代表に interview

『Acotto』代表の
千原篤司さん。

Q. ママ中心の店づくりをした きっかけは？

A. 美容師だからという理由で、子どもが産めない人を減らしたかった

私が大型店で勤務していた頃、美容業界は早朝から深夜まで働くのが当たり前で、子どもがいる女性美容師の方はほとんどいませんでした。妻も同業でしたから、美容師だから子どもが産めない、子どもがいたら美容師を続けられない、技術もキャリアもあるのに辞めるのはもったいない、と思っていました。理想は"昔ながらの町の美容室"のおしゃれ版（笑）。おばちゃんの店長がいて、お客さまもみんな子ども連れで来て、親子ぐるみでコミュニケーションできてくつろげる店なら、ずっと女性も続けられますよね。

Q. ママになる可能性のある女性スタッフが活躍できる秘訣は？

A. 女性スタッフの数を増やすことから始める

女性スタッフ同士は子どもができた後のことも、理解し合ったり協力しやすいので、まずは女性スタッフを増やすことだと思います。彼女たちが活躍すると、「子どもができた後にも続けてもらえるよう、みんなで協力しよう」という空気ができるのではないでしょうか。

PART 2 ほかのスタッフも働きやすくする

PICK UP

ママスタイリストだけでなく、全員が働きやすい環境に

❨ どんな点が働きやすい？ ❩

奥さまである同店スタイリストのTomoさんとともにお店をオープンしたときから、代表はママスタイリストの働きやすさを中心に考えてきた。産休は法定に準じ、育休はそれぞれの事情に合わせて臨機応変に対応。営業時間は9:00開店、19:00閉店(曜日により異なる)と、ママスタイリストが働きやすい時間帯に。また、ママスタイリストの産休中や急な休みにスムーズに引き継げるよう、全スタッフで頻繁に食事会をし、スタッフ間のコミュニケーションづくりを意図的に行なっている。

❨ メリットは？ ❩

営業時間が、早く来て早く帰れる設定のため、ママ以外のスタッフも働きやすくなっている。また、通常は勤務時間外にする練習も、お客さまがいなければ勤務時間内に練習したり、閉店後は全員で掃除をするなど、スタッフ全員のオーバーワークが少なくなっている。

現在ママスタイリストは2名。スタッフ同士が仲良く、和気あいあいとしたムード。

---

salon data

Acotto アコット

住所	▶ 東京都世田谷区代沢
創業年	▶ 2011年
店舗数	▶ 3店舗
スタッフ数	▶ 14名(取材店舗)

04

花やの前の美容室
甲斐篠原店
@ 山梨県甲斐市

#全スタッフ51名〜　#6〜10店舗
#産休　#育休　#時短勤務
#選べる雇用・勤務形態　#託児所
#ママ会　#協力し合える風土づくり

残業させないシステム、生産性の向上……
職人的体制を変えるための取り組み

山梨県内を中心に10店舗を展開する『花やの前の美容室』。美と健康をテーマにフィットネスも運営しており、スタッフの8割が女性。「人が辞めない会社」を目指すオーナーが女性支援に着手してからは、ママスタッフも急増中だそう。ママたちの活躍を支える工夫とは?

▶ 代表取締役社長に interview

『花やの前の美容室』
代表取締役社長の
雨宮健太さん。

Q. 「女性が働き続ける会社」の
仕組みづくりのポイントは?

A. 職人的体制はNG。
企業化することを決意

　母の美容室に就職した私は、会社を大きくしようと必死で人を集めましたが、妊娠・出産でスタッフが辞めてしまう状況を長年繰り返しました。どうしたら「人が辞めない会社」になるのか。ある本から「会社としてのシステムを整えていくことが重要」というヒントを得ました。これまでの職人的な体制を変え、福利厚生、労務管理を整備しました。「従業員の物心両面の幸せを追求する」という経営理念を掲げ、歩合制の廃止、ショートタイム制度の導入など、女性活躍の取り組みを加速化させました。

Q. この先、
取り組んでいきたいことは?

A. 働く環境を良くして
「入りたい会社」にすること

　独身スタッフから「既婚者には優しいけれど、独身者には冷遇」なんて言葉が出たこともありました。最近はそのスタッフたちと電話したり、食事に行ったり、よく話を聞くようにしています。どの立場のスタッフでも、気持ち良く働ける環境であることが「人が辞めない会社」の根幹なので、たとえば視野拡大のために海外旅行へ行くと言うならば、その際の交通費の手当てや休日の付与など、独身スタッフを応援する制度も考えています。同様に、男性スタッフのための制度づくりも進めていきたいです。

PICK UP 1

タイムカードでショートタイム制度を導入。
社員全員に「残業をしない、させない」ことを徹底

(どんな取り組み？)

子どもを抱えて働く女性にとって、大切なのは時間。タイムカードを押したらすぐに帰ることを全社員に徹底し、営業終了後にトレーニングすることを禁止に。多くのサロンでは営業時間外に行なっている勉強会や撮影会を、毎週金曜の午前中の営業時間内に開催している。

(メリットは？ 実践するための工夫は？)

ママスタッフは子どものお迎え時間など、家庭のための時間を守れることで安心して働ける。「もっと練習がしたい」というスタッフには、営業時間中の手が空いた時間を、トレーニングにあてるように指導。短い時間を有効に使おうと集中するため、夜の練習より能率アップが見込める。

「女性スタッフが8割を占めていて、働く際のネックになってくるのは、やはり時間。特に美容師を選択するような女性は、奉仕の心が根底にあるので、家庭のことも大切にします。彼女たちが働きやすい環境をつくるために、労働時間の短縮を徹底しようと考えました。美容業界では、1日11〜12時間労働が一般的。それを明るみに出すのは怖かったのですが、会社の未来のために覚悟を決めました」(雨宮さん)。

PICK UP 2

ひとりのお客さまをみんなで担当して
時短ママスタッフのハンデを払拭

「自分のお客さまにこだわらず、他のスタッフのサポートにもまわることで、新たなやりがいを見つけられた」と、ママ美容師の上田稚子さん。

背景とメリットは？

「人のために尽くす」という企業理念に基づいてはじめられた取り組み。美容師は個人個人で仕事をしているイメージがあるが、チーム制を取り入れたことで「仲間のために尽くす」ことを体得できる。この前段階として、歩合制を廃止し、固定給にして全スタッフの給与を保証した。また、時短で働くママスタッフにとって、指名客を増やすのは簡単ではない。チーム制ならば指名の数にとらわれず、スタッフ全員が活躍できるように。店全体の作業効率もよくなり、業績も上がった。

どんな取り組み？

スタイリストたちはそれぞれ指名のお客さまを持っているが、指名されて担当するのは基本的にカットのみ。シャンプーやカラーは、手の空いている別のスタッフに分担する。お店のスタッフ全員で1人のお客さまを仕上げる、というチーム制を導入した。

PART 2　ほかのスタッフも働きやすくする

PICK UP 3

食事会や勉強会を定期的に開催し、コミュニケーションの機会を増やす

どんな取り組み？

月に1回、店舗ごとにオーナーも交えた食事会を開催し、ざっくばらんな会話を楽しむ。子ども連れでの参加も歓迎している。さらに月1回、営業時間内に各店のママスタッフが集合する「ママさん勉強会」も開催。勉強会は、パートスタッフに時給を支給している。

「ママさん勉強会」のほか、各店のリーダーが集まる勉強会も月1回ペースで開催している。

背景とメリットは？

育児などで勉強会に参加できないママスタッフは、他スタッフとのコミュニケーションの機会が不足しがち。そんな中、子どもと一緒に参加できる食事会は、スタッフ同士の貴重な交流の場になっている。また、オーナーと直接話せる場があるということが、モチベーション維持にもつながる。

一方「ママさん勉強会」は、企業理念や美容師の心得についての勉強を行なう場。全体の勉強会も毎週金曜の午前中に行われているが、その他にママスタッフだけの会を月1回開催している。この会には国母店敷地内にある無料託児所の保育士も出席するので、子どもの話ができて安心感が深まるというメリットも。さらにママスタッフ同士が、仕事や育児の悩みを相談しあえる場としても役立っている。

---

salon data

花やの前の美容室　甲斐篠原店　はなやのまえのびようしつ　かいしのはらてん

住所	山梨県甲斐市篠原
創業年	1990年
店舗数	10店舗
スタッフ数	5名（取材店舗）

05 one's by bico
@ 札幌市中央区

#全スタッフ11〜50名　#3〜5店舗
#産休　#育休　#時短勤務
#選べる雇用・勤務形態
#経済的補助あり

短時間で売上げが上がるトレーニングで美容師を貯金と未来のある仕事に！

札幌でいち早くスタイル撮影に取り組み、デザイン力でまたたく間に人気サロンへと成長した『hair salon bico』。スタッフへの徹底した教育でブランド力を築き、ママスタッフや新人スタッフも元気いっぱいに働いています。そんな笑顔あふれるサロンづくりの秘密とは？

▶ オーナーに interview

『bico』オーナーの
末野武己さん。

Q. 女性のための制度づくりを始めたきっかけは？

A. 美容室は女性をキレイにする場所。女性スタッフも大切にすべき

　福利厚生をしっかりすることと同様、ママスタッフをサポートする制度づくりをしたいと創業当初から考えていました。美容室は女性のお客さまをターゲットにして、女性をキレイにする場所。だからこそ、女性スタッフも大切にしなくてはいけないと思っています。私自身、母子家庭で育ち、母が働きながら幼い兄弟3人を育ててくれていたのを間近で見てきました。女性が子育てをしながら働くことの大変さや頑張りをよく知っていたので、「働くママをサポートしたい」という想いもあったと思います。

Q. 会社として目指していることは？

A. スタッフの家族が安心して暮らせる、稼げる美容師に育てることも会社の使命

　「長時間働く＝頑張っている」という風潮が美容業界の悪いところ。でも本来は、「結果を出す＝頑張っている」ということだと思います。結果を出すためには、能力を上げる努力をすることが大事。そうすれば、効率的に仕事ができて、長時間働く必要もなくなります。給料を実際に稼ぐのは本人ですが、スタッフの家庭を支えるのは会社の役割。今やっている取り組みも、私が今まで働いてきたサロンでは考えられないことばかり。当然、壁もありますが、「やってみなくてはわからない」と思えば、壁も壁でなくなります。

PART 2 ほかのスタッフも働きやすくする

PICK UP 1

質の高いトレーニングで長時間労働を脱却。
短時間で成果を出せる美容師を育成

どんな取り組み？

オーナーである末野さん自ら週3日、店舗近くのトレーニングスタジオでスタッフの教育係を担当。スタイリスト、アシスタントは就業時間内にスタジオに移動し、モデルを呼んでスタイル撮影を行なう。スタッフは自分の仕事を撮影で振り返ることで、「今、本当にクオリティの高いものをつくれているのか」を知ることができ、より高い目標とデザイン力を身につけることができる。

メリットは？

営業時間内に効率的なトレーニングを実施することで、長時間労働を慣習化せず、短時間で成果を出せるスタッフが育っている。サロン全体の意識向上にもつながり、女性スタッフにとっては、ママになり時短勤務になった場合に、短時間で売上げを上げられるスキルを身につけることができる。「ファッションは"生もの"。賞味期限があるので、学ぶスピードが速くないとお客さまに満足してもらうことはできません」とオーナー。限られた時間内での品質向上に努めているからこそ、売上げを維持しながらも「週休2日、年末年始6連休、夜練なし、有休20日」などの勤務体制を実現できている。

福利厚生の一環として社員旅行も実施。夏にはスタッフみんなで浴衣を着て花火大会に。ほかにもスタッフの誕生日会など、オフタイムを楽しんでいる。

PICK UP
2

子どもが2歳になるまで、勤務日数も時間も自由に決めてOK！

どんな取り組み？

産休・育休後に職場復帰する際、フルタイムの正社員かパートかを選べる制度。パートを選んだ場合、子育てに慣れるまでの期間として2年間を想定。その間は「何時間以上」といった決まりを設けず、本人の希望で勤務日数や時間を決めることができる。まだ2年経過したスタッフはいないが、2年後には勤務体制や雇用形態など、働き方を改めてスタッフと話し合おうと考えている。

メリットは？

子どもが小さいうちは、病気に強い子もいれば弱い子もいるし、人見知りの子も社交的な子もいるもの。子どもとどう関わっていきたいか、どう働いていきたいかは家庭によってはもちろん、子どもによっても変わってくる。「サロン側の都合で子育ての方針を制限したくない」というオーナーの考えが表れた制度だ。現在、ママスタッフの袴田さんは、週3日、1日6時間の勤務体制で活躍中。制限をつくらないことで、子どもが小さい間は子育てに比重を置きたいスタッフも復帰しやすくなっている。

大通店で活躍中のママスタイリスト袴田さん。「美容に携われることがうれしい！」と笑顔で話す。

PART 2　ほかのスタッフも働きやすくする

PICK UP 3
産後2年間は歩合率を60%に。給与面でサポートする歩合ボーナス期間

スタッフのみなさん。スタッフ同士も仲がよく、ママスタッフが困らないようにサポートしてくれている。

どんな制度？

　パート勤務で復帰した場合の最低時給は1,000円だが、産後2年間は歩合率を通常より高い60%にアップ。1ヵ月の給与は時給制と完全歩合制のどちらか高いほうが選択される。PICK UP 2（P.94）と同様、2年間を「ボーナス期間」として設定しており、現在はほぼ、完全歩合制での支給となっている。

制度をつくった背景は？

　歩合率60%というのは、ふつうのサロンであれば成り立たない高い割合。時短勤務で給与が減ってしまう分、高い歩合率というかたちでママスタッフを経済面でサポートしている。

　ただし、あくまでも子育てに慣れるまでの「ボーナス」のため、2年後以降は通常の歩合に戻し、「基本給＋歩合」や「パート時給制」などの選択肢から、働き方を再度考えていく。「ボーナス」は、女性スタッフが職場に復帰することで、お客さまが戻ってきてくれることに対しての対価でもある。

---

salon data

one's by bico　ワンズ バイ ビコ

住所	北海道札幌市中央区
創業年	2010年
店舗数	3店舗
スタッフ数	7名（取材店舗）

HAIR TIME rest
@ 大阪府高槻市

06

#全スタッフ51名〜　#6〜10店舗
#産休　#育休　#時短勤務
#選べる雇用・勤務形態
#ママ会

「ママ会」「妻会」「オトナ会」……
女性スタッフの声を経営に活かすワザとは？

大阪・高槻市でおしゃれ＆かわいいをコンセプトに展開する『HAIR TIME』。創業40年、先代から昨年引き継いだ代表の石井さんは、「100年続く企業」を目標に、女性スタッフも働きやすい環境づくりを推進しています。女性スタッフにかける想いと経営方針について聞きました。

▶ 代表取締役に interview

『HAIR TIME』の
代表取締役の
石井博之さん。

Q. 女性スタッフが働きやすい環境づくりで、苦労した点は？

A. 周囲の理解を得ること。でも諦めたら業界全体が沈む

当初は「女性優遇ではないか？」という声も確かにありました。しかし、美容師を目指す若者が減り、辞める人も後を絶たない状況で、女性活躍を進めなければ業界全体が危うい。だから「みんなで協力しあおう」と言い続けるしかない。女性を優遇しているわけではなく、時短の人は正社員でもフルタイムに比べれば給与は減りますし、男性スタッフのキャリアのことも考えています。独立が難しい時代ですから、店長経験者はフランチャイズやのれん分けで、グループ内の経営者になってもらう道もつくり始めています。

Q. 社員を大切にする経営を続けている根本にある想いとは？

A. 私が引退しても会社が続くよう、社員が辞めない仕組みをつくっている

私は2代目の経営者で現在創業40年ですが、「100年続く企業」を目指しています。私もいずれは引退しますが、その後にも会社がずっと続くためには、みんなが盛り立てて続けていける環境づくりと、次の経営者となるスタッフを育てることが必要です。労働環境を改善して生産性を上げてスタッフも、そのスタッフの家族も幸せになってほしい。今でも「『HAIR TIME』は女性が働きやすい」とクチコミで聞いて他店から転職してきたママスタッフがいますが、そうした人をこれからも増やしていきたいですね。

PART 2　ほかのスタッフも働きやすくする

PICK UP

「女子会」「妻会」「ママ会」「オトナ会」……
さまざまな会合から女性の声を吸い上げ

どんな取り組み？

　同店では女性ならではの悩みなどを語り合う会をつくり、定期的に会合を開いている。若手スタッフは「女子会」、結婚してまだ子どもがいないスタッフは「妻会」、子どもがいるスタッフは「ママ会」、30代後半以上のスタッフは「大人会」と、同じ立場の仲間同士で想いを語り合い、そこで出た声をオーナーに上げて経営に役立ててもらっている。

背景とメリットは？

　ママスタッフ第1号の笹井千絵さんが「ママ会」をつくったことが発端だった。子育てしながら仕事をすることは、自分1人だと思うと心細いが、同じ境遇の人と話すだけでも安心できる。笹井さんは「愚痴の言い合いで終わらせるのではなく、みんなの希望をシステム化させられれば、離職防止につながります。そうすれば会社にも恩返しができると思ったのです」と話す。勤務時間や職種など働き方の選択も、これらの会から出た意見を具現化させたものだ。

ママ会の様子。左から3番目が笹井さん。アシスタント時代に出産し、ママになってから強い意志と意欲でスタイリストデビューした。

---

salon data

HAIR TIME rest　ヘアー タイム レスト

住所	▶ 大阪府高槻市高槻町
創業年	▶ 1982年
店舗数	▶ 6店舗
スタッフ数	▶ 14名（取材店舗）

JILL BY GIEN
@ 大阪市都島区

07

#全スタッフ11〜50名　#3〜5店舗
#産休　#育休　#時短勤務
#選べる雇用・勤務形態
#協力し合える風土づくり　#練習会は朝
#キャリア

7年間で退職はたったの2名のみ！
不満を生まない"風土づくり"とは？

丁寧なカウンセリングと優れたカット＆ヘアケア技術で、多くの女性から圧倒的な支持を集める『JILL BY GIEN』。創業当初から女性活躍の取り組みを実施しており、ママが輝ける多くの仕組みを成功させています。その秘訣について聞きました。

▶ 代表取締役に interview

『GIEN』グループ
代表取締役の
井上光治さん。

Q. 女性活躍の取り組みをはじめた時期＆きっかけは？

A. オープニングスタッフとして二児のママを採用してから

二児のママをオープニングスタッフとして採用したこともあり、創業当初から女性が働きやすい環境づくりに取り組んでいました。今の時短勤務の仕組みも、彼女が当初希望した働き方をベースに整えていきました。その後、産休・育休制度を整え、別のママスタッフの復職に伴い、保育料補助の仕組みを整備。ママが増えていくなかで、必要と感じた取り組みを1つひとつ追加してきました。最近でははじめて産休から体験するスタッフが誕生。若手の女性スタッフのためにも、ぜひ成功事例をつくりたいと考えています。

Q. 風土づくりのほかに大切と考えていることは？

A. 取り組みに必要な利益の確保と不満を生まない矛盾のない経営土台

僕が取り組みを進めるうえで迷ったときは、「人が生きる道をつくる」という企業理念に立って判断。スタッフがより良く生きる方法を選択するようにしています。でも、利益がなければ取り組めないこともある。だから、理念形成や風土づくりと同じくらい、生産性を高める努力も大切です。利益が必要な理由をきちんと伝え、目標を達成したら、伝えた理由を必ず実行することが重要。理念から労働環境づくりまで、すべての流れで「矛盾のない経営を行なうこと」が、取り組みを成功させる上で一番大切です。

PART 2　ほかのスタッフも働きやすくする

PICK UP 1

ママが働きやすい職場は、助け合う風土づくりから。
毎日、スタッフ全員で経営理念について熱く議論！

(どんな取り組み？)

「人が辞めない会社」を目指す同サロンの信念や志をまとめたリーフレットを作成して、全員に配布。毎日の終礼などで一項目ずつピックアップして、スタッフ同士で議論し合うことを習慣化している。項目の中には、「仕事への向き合い方」のほか、ママを含めた「他のスタッフへ感謝して接することの大切さ」に触れた記述も。みんなで経営理念や各スタッフの意見を丁寧に共有。理念に沿って実行する風土づくりや、ママスタッフを理解して協力しようという風土づくりに力を注いでいる。

(メリットは？)

日々の話し合いの中で、会社の想いや描く未来を深く理解しているスタッフたち。だからこそ、女性活躍の取り組みは長く働ける環境づくりに必要なことと受け止め、急な早退時のフォローなど、積極的にママスタッフをサポートしてくれている。「どんなに女性活躍の仕組みを整えても、ママスタッフが気持ちよく働ける環境をつくり出すためには、スタッフの協力は不可欠。風土づくりは仕組みづくりと同じくらい重要だと思います」と代表取締役の井上さん。2009年の創業以来、退職者は2名のみ。協力し合う風土を定着させたこの取り組みは、人が辞めない働きやすい環境づくりに着実につながっている。

2015年の忘年会。ある女性スタッフが妊娠＆復職の希望を皆に伝えたところ、大きな歓声と拍手が。「受け入れムード抜群のスタッフたちの姿がうれしかったですね」と井上さん。

PICK UP
2

勤務時間の長さに関係なく、能力が高いスタッフには役職を与えて評価

どんな取り組み？

コミュニケーション能力に長けているママスタッフの伊藤さんは秘書業務を、統率力が高いママスタッフの湯川さんはマネージャー業務を兼務。時短勤務で子育てを両立させながら、オーナーのサポートや人事、後輩の教育部分などでも活躍している。サロンへの貢献に伴い、ふたりには役職手当を支給。今後も勤務時間の長さに関係なく、能力の高いスタッフにはそれに見合うポストを積極的に用意していきたいと考えている。

メリットは？

スタッフの多様な働き方を認めつつ、能力が見えるかたちで評価される同取り組み。スタッフ全員のやる気を高めると同時に、復職したママが活躍できる場もつくり出している。また、時短勤務の中で与えられた職務をこなすママスタッフたちは、指名が入っていない時間に役職業務を手早く行なうなど、時間の使い方が上手で仕事のスピードも速い。他のスタッフにとって働く際の良きお手本となっており、生産性や売上の向上など、サロンの成長にもつながっている。

10歳と8歳の息子さんの子育てを楽しみながら、スタイリスト兼秘書として活躍中の伊藤さん。現在、週休3日&営業時間内のみの時短にて勤務している。

PART 2　ほかのスタッフも働きやすくする

PICK UP 3
ママスタッフが参加しやすいよう、
レッスンは開店前の朝、実施する

シャンプーレッスン風景。ママと他のスタッフとの交流が深まる場にもなっており、技術力だけでなくスタッフ間の協力関係もアップする。

どんな取り組み？

　先輩スタッフの指導によるレッスンは、ママが参加しやすいよう、朝に行なっている。平日は11:00〜20:00、土日祝は10:00〜19:00が営業時間。実施回数や曜日は店舗ごとで異なるが、3店舗とも開店の1時間半前くらいからレッスンを実施している。営業終了後に自主練習できるので、朝の時間を家庭にあてたいママは夜に練習することもできる。

メリットは？

　「それぞれ家庭環境によって働ける時間が異なるママスタッフたちを、ひとくくりに縛ることは難しい。産休＆育休以外の制度はあえて設けず、その都度、1人ひとりに合わせて柔軟に対応していきたいと考えています」と井上さん。ママスタッフは、家庭環境などに合わせて朝・夜どちらかで練習できるので、復職後も技術の不安なく働くことができている。また、朝や夜の練習時間は、後輩にとっても先輩ママからアドバイスをもらえる貴重な時間に。子育てをしているママスタッフの指導は「丁寧でわかりやすい」と他のスタッフから好評で、全体の技術力向上にもつながっている。

---

salon data

JILL BY GIEN　ジル バイ ジアン

住所	大阪府大阪市都島区東野田町
創業年	2009年
店舗数	3店舗
スタッフ数	12名（取材店舗）

HAIR COPAIN
@ 熊本市中央区

08

#全スタッフ11〜50名
#3〜5店舗 #産休
#育休 #時短勤務
#選べる雇用・勤務形態 #キャリア

結婚・出産でも100％戻ってくる、「ゴレンジャー理論」とは？

ヘア、ネイル、エステティックのトータルビューティにとどまらず、ブライダルサロンも展開する『HAIR COPAIN』。結婚しても誰も辞めず、出産経験者4名も全員復帰しています。それを可能にする、「ゴレンジャー理論」とは何でしょうか。独自の経営理論について聞きました。

▶ オーナーに interview

『HAIR COPAIN』
オーナーの
徳冨彰一さん。

Q. 「ゴレンジャー理論」を考えられた背景は？

A. スタイリストだけが偉いわけではない。アシスタントのプロという道もある

　技術のうまさは実は幻想。もちろんある程度の技術は必要ですが、極論すれば「お客さまが気に入った人がうまい人」です。またサロンにいる時間の心地よさも重要。アシスタントこそお客さまと接する時間が長いため、全員に接客力を高めてもらうようにしています。サロンはお客さまとの密接度が高く、お客さまのライフステージを熟知しています。そこにはさまざまなビジネスチャンスがある。高度な接客ができれば、他業界に取られた売上げを取り返すような、新たな分野への展開も望めると思います。

Q. 女性が働きやすいサロンづくりに必要なことは？

A. スターはつくらず、みんなのお店にすること

　サロン勤務の経験で感じたのは、スタイリストが心地よく働ける仕事量で、個人の売上げの上限を決めたほうがいいということ。スタースタイリストに売上げが偏ると、1日の接客数が多い＝1人のお客さまにかける時間が減る→その分アシスタントをたくさん使って本人も疲弊する→結果的に生産性が低くなります。「ある上限まで売上げが到達したら、後輩を育てろ」と言っています。上限のスタイリストが増えることが、生産性の向上とみんなの働きやすさにつながると考えています。

PICK UP

技術以外にも、スタッフの新たな能力を見つけ、
いつまでも全員が輝ける「ゴレンジャー理論」

どんな取り組み？

同店では創業時から「スタッフが辞めない店」を目指した取り組みを行なっている。その1つが、オーナーが「ゴレンジャー理論」と呼ぶ「全スタッフがそれぞれの職種・立場で活躍する」ことだ。「どんな人にも必ず得意分野がある。それを見つけてあげるのがオーナーの仕事」とオーナーの徳冨さんは語る。例えば、出産後は「スタイリストのまま、短時間で効率よく売上を上げられる」働き方や、「マネジメントにまわって売上げ以外の価値を生み出す」働き方など、スタッフの希望に合わせた働き方を選べるようにしている。

メリットは？

ママスタイリストは出産後の働き方の事情が家庭によって異なる。接客時間で売上げが左右されるスタイリストの他にも、お客さまフォローやスタッフの育成など新たな価値を生み出す働き方があれば、時短勤務でも無理なく活躍できる。また、体力的にスタイリストがきつくなったスタッフが物販で能力を発揮するなど、年齢を重ねても仕事を続けられる役割をつくれているという。

オーナーが日頃から個々のメンバーとのコミュニケーションをとって個性を把握していることで、適材適所に人材を配置できる。

salon data

HAIR COPAIN　ヘア コパイン

住所	▶ 熊本県熊本市中央区上通町
創業年	▶ 1999年
店舗数	▶ 3店舗
スタッフ数	▶ 16名（全店舗）

column
オーナーの取り組みきっかけ

case 3
寺田健太郎さん[MOK]の場合

当たり前のこと

「きりもり上手な主婦が店長に最適」と話す『MOK』オーナーの寺田さん。「経営者は人を大切にすべき」という考え方の背景は？

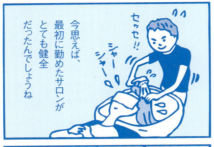

今思えば、最初に勤めたサロンがとても健全だったんでしょうね

仕事で手荒れがひどくなりドクターストップがかかったときも…
手は使っちゃダメね
ええ〜働けない

治るまで受付でいいよ
ありがとうございます
って言ってくれたオーナーの言葉忘れられません

そんなサロンで育ったから、僕にとって人を大切にするのってすごく当たり前のことなんです
無理してない？
大丈夫です！

『MOK』の取り組み内容はP.30へ！

PART

お客さまを
大切にする

ママ美容師にとって心配なのが、
産休・育休中のお客さまの引継ぎです。
お店にとっても
失客はもちろん防ぎたいところでしょう。
お客さまが不安にならないための解決策を
ここでは紹介していきます。

JUNES HARAJUKU
@ 東京都渋谷区

01

#全スタッフ11〜50名
#6〜10店舗 #産休
#育休 #時短勤務
#選べる雇用・勤務形態 #失客対策

スタッフの不安を解消する3つの仕組みで産休後の復職100%へ

1996年に東京・早稲田で1号店を出店し、その後2002年に原宿初のメンズオンリーヘアサロン『JUNES HARAJUKU』をオープン。代表のBOWEさんの戦略的な経営手法は、常に理容・美容業界から注目を集めています。そんな同店の出産育児サポートの仕組みとは?

▶ 代表に interview

『JUNES』代表の
BOWE（ボウ）さん。

 仕組みに対する
スタッフの理解は？

 意思の継続と前例の積み重ねで、
意識は変えていける

　これまで不満の声を聞いたり、やりにくさを感じたことはないですね。すべてのスタッフが理解してくれているかどうかはわからないですが、僕や幹部が意思を示し続け、前例が積み重なっていく中で、サポートの仕組みが『JUNES』の文化になってきています。女性が働き続けることは自然なことというふうに、みんなが受け入れてくれているように思います。

 今後さらに取り組みたいこと、
課題は？

 幸せに長く働き続けてもらえる
仕組みを整備していきたい

　『JUNES』は社員と、社員を支える家族が幸せを感じられるための組織活動でありたいと思っています。うちで働くことに幸せを感じてもらえれば、スタッフやお客さまと長い関係性を築くことができ、必然的に会社も成長していけます。そのためにも、物質的に恵まれた環境をつくってあげたいし、精神面のフォローもしたいし、やりがいも感じてもらいたい。これは、女性スタッフに限ったことではなく、全スタッフに対してです。現在は成果主義を取り入れた給与体系や待遇などの仕組みづくりにも取り組んでいます。

PART 3 お客さまを大切にする

PICK UP 1
専任の代理スタイリストを立てて、産休中の失客を防止

どんなシステム?

産休・育休に入るスタイリストを指名しているお客さま1人ひとりに専任の代理スタイリストを立て、本来の指名スタイリストがいない間も不安なく来店いただくためのシステム。お客さまにとってベストと思われる代理スタイリストを、指名スタイリスト自らが選出。スタイリスト間では、電子カルテを活用しながら情報を細かな点まで共有し、しっかりと引継ぎを行なっている。

産休前に訪れたお客さまに指名スタイリストから状況をご説明するとともに、代理スタイリストをご紹介し、不安解消と信頼関係の強化に努めている。

メリットは?

専任の代理スタイリストはお客さまの好み・性格など、細かな点まで情報を把握しているので、来店された際の満足度の低下を防ぐことができ、産休による顧客の減少を最低限に食い止めることができる。また、スタイリストも大切なお客さまへのご迷惑を最小限に抑えることができるので、安心して産休に入ることができる。

代理スタイリスト紹介時は、引継ぐスタッフの名刺とお知らせカードを用意している。

PICK UP 2

急な欠勤や早退をカバーする フォロー体制

どんな取り組み？

子どもの病気などにより急遽、欠勤・早退することになった際は、基本、ママスタッフ自らが予約いただいたお客さまへご連絡し、おわび＆日程調整等をする。万が一、自ら連絡できない場合は、産休時の代理スタイリストが丁寧に事情を説明するなど、スタッフ全員でフォロー。また、予約日の変更が難しいお客さまには、ご了承を得たうえで代理スタイリストが対応し、顧客満足度低下のリスクを回避している。

メリットは？

指名スタイリスト・代理スタイリストの二重体制により、お客さまへのご迷惑を最小限に抑えながら、ママスタッフをフォローできる。また、サポートへの感謝を働きぶりで表すママスタッフの姿勢が他のスタッフの共感を生み、スタッフ間の結びつき・協力体制がさらに強固なものに。サロン全体の雰囲気向上にもつながり、お客さまにとってより居心地のよい空間を提供できるという、うれしい効果も生み出している。

迅速に対応できるよう、お客さまのご連絡先は必ず把握し、電子カルテに記録。

PART 3　お客さまを大切にする

PICK UP 3
育休期間・勤務時間・出勤日数とも、個々に合わせてフレキシブルに対応

ママスタイリストの働きぶりを通して、後輩は自分の将来像をイメージできるようになる。

どんな制度？

復職のタイミングや出産後の働き方は家庭の事情や希望などにより個々で異なるため、育休期間・勤務時間・出勤日数とも、ママスタッフごとにフレキシブルに対応。希望すれば、週1日や1日1時間〜の勤務もOKとしている。また、復職後もママスタッフと丁寧にコミュニケーションをとることで、そのときどきにベストな働き方を提示できるよう努めている。

メリットは？

出産・子育てに関して想定外のことが起こっても、希望に沿って臨機応変に対応してもらえる環境が用意されているので、ママスタッフは不安なく復職の道を選ぶことが可能。出産を理由に退職する女性スタッフはゼロとなり、優秀なスタッフの離職や顧客離れを防ぐことができている。また、ママスタッフが現場復帰することは、「スタッフに長く働き続けてもらいたい」との意向を強く持つ同サロンにとって良き前例に。子どもがいない女性スタッフにとってのロールモデルとなり、出産後も働き続けられることをイメージしてもらえるようになったそう。

> ママ美容師 interview

野口麻里子さん[JUNES HARAJUKU]

続けることで働く武器を身につけ
育児と仕事を両立

2015年に第二子を出産した野口さん。キャリアを着実に積み重ねながら、ライフスタイルに合った働き方をつくり出す方法とは？スタイリストであり続けるために必要と考えること、困難の乗り越え方などを聞きました。

のぐち・まりこ／スタイリスト歴13年。現在二児のママで、12：00～17：00（週4日）で時短勤務中。

Q. 壁にぶつかった時の乗り越え方は？

A. 目の前の仕事に全力投球すること

きっと皆さんと一緒で、自分の時間がないことが苦しくて、若い頃は正直辞めたいと思ったことも。でも、お客さまと接しているときは楽しくて忘れられていると気づきました。それに辞めたら理容師の母に申し訳ないという思いもあって、ひたすら目の前の仕事に全力投球。そうすると売上げが100万円、200万円などの結果につながり、やりがいを感じるように。27歳で妊娠がわかったときには、会社を辞めたくないと泣いて代表に相談するほどになっていました。

悩んだら、とりあえず目の前のものをガシガシこなしていく。それが辛い気持ちや壁を吹き飛ばす近道。もちろん、自分だけでは解決できないことにも直面します。でもそんなときは、声に出して代表に相談。そうすると、常に私の考えを取り入れ理解してくれる、柔軟性に富んだ代表が解決策へと導いてくれるんです。私がさまざまな壁を乗り越えてこられたのは、最高の理解者である代表の存在もとても大きいと感じています。

Q. 女性スタイリストとして仕事を続けるうえで必要なことは？

A. 仕事を続けていくために「続けていくこと」が大切

働き続ければ、技術が身についたり、お客さまの指名がついたりなど、必ず結果は出ると思います。そして、その結果が女性スタイリストとして仕事を続けていくうえでの大事な糧になってくれると思うんです。

たとえば、長いお客さまになると13年のお付き合いという方もいらっしゃるのですが、学生服を着ていた方が家庭を持つようになったりしていて。そうなると、子どもについての会話が弾み、妊娠・出産がデメリットではなく武器に変わる。

また、第二子の出産前は以前のように売上げにバリバリ貢献できる働き方ではなくなりましたが、現場に立ち続けることで、2人目ができてもこうやって働けるんだということを後輩に見せてあげられる。何かしらサロンの役に立ち、サロンに恩返しができ、結果を残せると思っています。

野口さんの Life History

20歳
理容室を営む母の背中を見て育ったこともあり、幼い頃から憧れの職業であった理容師の資格を取得。理容の業界を変えていきたいと考えていたところ、同店代表のBOWEさんの記事を読み、同じ考えの人がいると感激。ここしかないと面接を受け、3月末にアシスタントとして見事入社。7月、早稲田店から原宿店へオープニングスタッフとして異動。

25歳頃。コンクールで優勝を重ね、専門誌の撮影も多数担当。

21歳
わずか1年半で全カリキュラムをこなし、夏にスタイリストデビュー。お客さまを待たせないよう、スピード&クオリティを追求する日々。2年後に売上げ100万円を達成。

24歳
サロンワークと並行して、業界誌の撮影もさせてもらえるように。今思うと、旬なときにやりたいことをやらせてもらっていたサロンに感謝。

長男の優蒼くん。たまにサロンへ連れて行くことも。

27歳
同じ専門学校の彼と付き合って10年目に結婚。第一子を妊娠。妊娠がわかった際は、辞めたくないと代表に泣きながら相談。仕事にやりがいを感じている自分に改めて気づくことができた。

28歳
9月に出産。保育園がなかなか決まらず、1年後である翌年の10月に念願の復帰を果たした。

一緒に頑張っているママスタイリストたち。

34歳〜
10月に第二子を出産。9月まで働き、半年後の2016年4月に時短勤務で復帰。

※色のついた部分が人生の転機を表しています。

salon data

JUNES HARAJUKU ジュネス ハラジュク

住所	東京都渋谷区神宮前
創業年	1996年
店舗数	6店舗
スタッフ数	11名(取材店舗)

little ginza
@ 東京都中央区

#全スタッフ51名〜
#11店舗〜
#産休　#育休
#時短勤務　#失客対策

02

柔軟にルールを変えながら
働きやすさを常に追求

多店舗展開するグループの1サロンであり、優れた技術・上質な材料をリーズナブルに提供、銀座屈指の人気ヘアサロンとして大躍進を続けている『little ginza』。優秀な人材を集め、個々が活躍できて働く側にも幸せを与えられる仕組みについて、オーナーにお話を聞きました。

▶ オーナーに interview

『little ginza』オーナーの
松本 平さん。

 最初にぶつかった壁は？

 ルールを変えれば
何事も壁ではなくなる

　昔、僕は美容室を体調不良でクビになった経験があり、独立当初から普通の企業をつくって、家族であるスタッフを守り続けたいと考えていました。そのためにも、順応性を大切にしていきたい。ルールはスタッフのために変えながら、つくっていくもの。だから、会社にあるのはガイドラインです。あえて変わらないルールといえるのは「困った人がいたら助けよう」の1つだけでしょうか。あとのルールは、長く気持ちよく働いてもらえるように、問題が起きたら柔軟に変えていく。壁にぶつかったと感じたことはないですね。

 今後さらに取り組みたいこと、課題は？

 スタッフの声に応えながら
企業を進化させていきたい

　スタッフにより良い環境を提供していくことは経営者の責務だと思っています。250名いるスタッフのうち、約4割が女性なのですが、彼女たちに対しても同様。労働人口が減少しているなかで、出産後に復職できる道をつくることは、経営の面でも重要ではないでしょうか。各店舗に情報をしっかり集約してくれる店長がいれば、すべての店舗を毎日まわらなくても声を吸い上げ、細やかに対応することはできます。これからもスタッフの要望を取り込むことで企業を進化させ続けたいと考えています。

PART 3　お客さまを大切にする

―― PICK UP ――

復職メールや急な欠勤などに
メッセージ配信で顧客離れを防ぐ

◖ どんな取り組み？ ◗

「ホットペッパービューティー」のサイトと完全連動している予約・顧客管理システム「サロンボード」に、顧客情報や予約状況などのデータを一元化。産休・育休中のスタイリストを指名されたお客さまに対してのフォロー時に活用するほか、メッセージ配信機能を使って、ママスタイリストの復職月に、復職のお知らせメールをお客さまへ送信している。

◖ メリットは？ ◗

産休・育休による失客を抑える手法として、効果を発揮。また、予約状況やお客さまの連絡先を画面ですぐに確認できるので、当日、子どもの熱などで欠勤することになったママスタイリストも、予約いただいたお客さまに直接電話でおわびや予約変更のお願いをするなどスムーズに対応でき、顧客離れのリスクを最小限に抑えることができている。

当日欠勤などによる急な引き継ぎも、顧客情報が集約されているのでスムーズに。

---

salon data

little ginza　リトル ギンザ

住所	▶ 東京都中央区銀座
創業年	▶ 2011年
店舗数	▶ 30店舗
スタッフ数	▶ 16名（取材店舗）

kakimoto arms
六本木ヒルズ店
@ 東京都港区

03

#全スタッフ51名〜　#11店舗〜　#産休
#育休　　　　#時短勤務
#選べる雇用・勤務形態　#キャリア
#失客対策　#協力し合える風土づくり

産後復帰ゼロからママ18名に。
週1日勤務も可能な制度とは?

日本で初めてヘアカラー専門のカラーリストを置くなど、各分野のスペシャリストを養成することで上質なサービスを提供する『kakimoto arms』。無理なく働き続けられる鍵は、枠を設けない会社の柔軟な対応にありました。社員のキャリアサポートを務める白石さんに聞きました。

▶ 人事部長に **interview**

『kakimoto arms』の人事部長兼、
同青山店スタイリストの
白石麻利子さん。

 **女性支援の取り組みに
本格的に力を入れた理由は?**

**A. 30〜40代以上の経験豊富なスタッフに
会社の成長を担ってほしいから**

　以前は結婚して子どもができると20代でも退社していく技術者が多く、30代半ばにもなると多くの人が独立。でもキャリアのある技術者は多くの顧客さまを抱えていますし、将来はマネジメントでも力を発揮してほしい。社員の平均年齢が上がる中、多様な働き方を提案して、会社に残ってキャリアを積むスタイルを確立する必要がありました。今は30代以上の技術者が多く残り、着実に成果が上がっています。ただ同時に若いスタッフにも積極的にチャレンジさせて若いお客さまの定着も進めていきたいです。

 **今後、ママスタッフ支援のために
取り組みたい課題は?**

 **子どもの進学で新しいステージに
移行したときのサポート**

　現在産休明けで復帰しているスタッフは、元々経験豊富な技術者が多く、お客さまも戻り順調に働けているようです。ただ、彼女たちの子どもが小学校に入ると、保育園に預けていたときよりも時間の制約が大きくなります。多くのスタッフにとって、フルタイム勤務への復帰はまだ先になるでしょう。むしろ今までより働ける時間が減ってしまい、モチベーションが下がるかもしれない。そこで仕事を諦めることなく、いろいろなかたちでキャリアを積める状況を、会社としても準備していかなければと思っています。

PART 3　お客さまを大切にする

PICK UP 1

スペシャリスト制度により、1人の顧客をチームで担当。
ママスタッフの不在はレセプショニストがフォロー

どんな取り組み？

　同店の特徴の1つとして「スタイリスト」「カラーリスト」「ネイリスト」「レセプショニスト」などと各分野でのスペシャリストを養成し、業務を分担していることがある。それぞれの持ち場で能力を集中的に発揮することで、技術のクオリティと、顧客満足度を高めるのがねらいだ。1人のお客さまを各専門のスペシャリスト達で担当することにより、ママスタッフが急に休んでも臨機応変に穴を埋めることができる。また、レセプショニストはスタッフのスケジュールを常に把握しているので、予約を別日へ振り替えたり、代わりの技術者を提案するなど適切に対応することができる。

メリットは？

　サロンのクオリティ向上を目的とした仕組みだが、結果的にママスタッフが安心して仕事ができる環境をつくっている。子どもが小さいうちは体調不良による急な欠勤や早退は避けられないが、たとえそうなってもお客さまへかける迷惑が最低限に抑えられる。さらに女性スタッフが育休・産休で長期の休みに入る場合も、専任のレセプショニストがその間の対応をしっかりお客さまに提案するので、引き継ぎがスムーズ。このシステムにより、単純に技術者の産休・育休で失客するケースはほとんどないという。

この春、技術者としてはじめて育児をしながらフルタイム勤務へ復帰したカラーリストの高原紀子さん（中央）。

PICK UP 2
ママスタッフ個々の状況に合わせて働き方を設定。
正社員のままで週1日勤務もOK

「人事担当として、復帰するスタッフがいることはとてもうれしいニュースでした」（白石さん）。

どんな取り組み？

女性スタッフの妊娠がわかった時点で、産休・育休を取る期間や、職場復帰後の働き方について、スタッフと人事部がミーティング。会社側が枠を設けることなく、それぞれの事情に合わせて個別に対応している。たとえば出産後は産休だけとって復帰したり、逆に1年以上休むスタッフもいるなどケースバイケース。復帰後の働き方も、フルタイムか時短勤務か、時短であれば何時から何時までにするか、お休みはどうするかなど、本人の希望を優先して決定する。さらに「短時間正社員」にも対応。現在「子どもの預け先が見つかるまで」という条件で、正社員のまま週2日や週1日限定で働いているママもいる。

背景とメリットは？

ほんの10年前まで、出産を経て職場復帰する女性技術者はいなかった。前例がなかったこともあるが、体力面から、復帰後の働き方に対する不安も大きかった。また、東京都は保育園の待機児童が多いため、希望通りに子どもを預けられないケースも少なくない。そこでどんな事情のスタッフでも無理なく仕事を続けられるよう、個別に勤務体制をつくることに。勤務時間が短くてもパート雇用にしないのは、社員の希望でもあり、会社としてもできるだけ良い条件で長く働いてほしいから。ベテランのママスタッフには多くのお客さまがついていて、短時間でもしっかり稼げるため、夫の扶養に入ることを希望する人もいないという。7〜8年前から実際に運用を始めた結果、それまで実績ゼロだったのが、現在までに社員390名（約6割が女性）のうち18名が産休をとって仕事に復帰している。

PART 3　お客さまを大切にする

PICK UP 3
女性を積極的に管理職へ登用。
全員がイキイキと働ける風土をつくる

どんな取り組み？

　伝統的に「女性が元気」と言われてきた社風。人事面でも男性・女性を問わず要職へ登用しているので、女性社員にとってもさまざまなかたちでのキャリアアップが可能になっている。たとえば同店の技術者の顔ともいえる、カラーリストのトップはママスタッフ。さらに人事労務、人材開発の各責任者、レセプションマネジャーなども女性。今は何人かが産休に入ったため減ってしまったが、最近までは店長も半数が女性だった。

ねらいは？

　適性があれば平等にチャンスが与えられる環境は、スタッフの1人ひとりの自主性を伸ばし、多様な働き方を自然に受け入れられる空気をつくっていく。たとえ勤務時間が短いママスタッフでも、そのために肩身の狭い思いをすることは決してないという。「ですからママになっても、現場で一歩引くような意識になることがないんです」と白石さん。会社として可能な限り労働環境を整えてサポートする代わりに、現場に立てばいち技術者として特別扱いはしない。逆にそのことが、ママスタッフのモチベーションを高く保つことにつながっている。

できるだけオフィスを飛び出し、各店舗に足を運んでスタッフの働きぶりを見に行くという白石さん。相談事に対応した後のフォローも大切な仕事だ。

salon data

kakimoto arms 六本木ヒルズ店　　カキモトアームズ　ロッポンギヒルズテン

住所	東京都港区六本木
創業年	1976年
店舗数	12店舗
スタッフ数	42名（取材店舗）

04

L–Blossom 常盤台店
@ 東京都板橋区

#全スタッフ51名〜
#11店舗〜
#産休　#育休
#時短勤務

ベテラン女性スタッフだからこそ
大人客が集まりやすく

東京、埼玉に38店舗を構える『ブロッサム』は、女性スタッフが働き続けられる環境づくりに早くから取り組んできたグループ。大人女性に向けた店舗『L-Blossom 常盤台店』はトータルビューティを叶える地域密着型のサロンです。その取り組みについて聞きました。

▶スーパーバイザーに interview

『L–Blossom』
エリア統括・スーパーバイザーの
大澤尚也さん。

苦労したことは？

A. 今までのトップダウンではダメ　伝え方1つにまで気を配った

　スーパーバイザーになる前に店長を務めていた成増店は売上げ、客数ともに多い大型店。昔ながらの体育会系的な経営をしていました。それに対して常盤台店は「女性の働きやすさ」を大切にするベテラン女性スタッフの店舗。以前のようなトップダウンではうまくいかず、お互いが理解し合わないとチームとして同じ方向を向いていけないと感じました。言葉の選び方も大切で、「これをやって」ではなく、「協力してもらえないか」と伝えていく。そういう小さな積み重ねが、よりよいチームワークにつながると思っています。

工夫している点は？

** 女性スタッフに大切なことを伝えるときは、直接話さず女性店長を通す**

　店舗マネジメントはリーダーシップを発揮しても、スタッフの気持ちに配慮できていないとうまくいかない。とはいえ、男性だと女性の気持ちに配慮できていないことがどうしてもある。そこで常盤台店では女性店長に協力してもらい、私から直接伝えるのではなく、店長を通して女性の言葉で伝えてもらっています。「女性の働きやすさをつくる」というのがミッション。試行錯誤しながら、お店のスタッフが今よりもっと仕事が楽しく、もっと生活が楽になる働き方がつくれるように、一歩ずつ進んでいきたいと思っています。

PART 3　お客さまを大切にする

―――――― PICK UP ――――――

他店舗と差別化し、60代店長をはじめ、ベテラン女性中心のスタッフ構成に

どんな取り組み？

　若手の多い店舗と差別化し、ベテラン女性スタッフが活躍する場としてつくられた同店。スタッフは女性のみ。60代の店長を筆頭に、スタイリスト歴10年以上のベテランスタッフ4名が在籍している。家庭と両立したいというスタイリストを集めることで、スタッフ間の摩擦もなくなり、「働きやすさ」につながっている。

メリットは？

　「ベテランスタッフの存在により、40代～60代のお客さまにも安心してご来店いただいています」と大澤さん。地域のお客さまのボリュームゾーンが35～49歳以上の大人女性であることに着目し、スタッフにもベテラン女性を揃えることで、お客さまに来ていただきやすい店舗づくりを心がけている。エイジングケアメニューを充実させたり、お店のヘアカタログは大人世代のリアルなお客さまに協力いただくなど、ターゲットを明確に絞り集客に成功している。

店舗でお客さまに配布しているニュース「NOW」にも、お客さまをモデルにした写真を掲載。モデルになったお客さまにも喜んでもらえ、知り合いを紹介してもらうきっかけにもなっている。

salon data

L-Blossom 常盤台店　エルブロッサム トキワダイテン

住所	▶ 東京都板橋区常盤台
創業年	▶ 1987年
店舗数	▶ 38店舗
スタッフ数	▶ 7名（取材店舗）

kapua
@ 岐阜県岐阜市

05

#全スタッフ51名〜　#11店舗〜　#産休
#育休　#時短勤務
#託児所　#失客対策　#ママのみサロン

ママを全員でフォローし、
お客さまをサロンのファンにする取り組み

愛知・岐阜・滋賀に55店舗を展開する『Bee-Ms（ビームズ）』グループの1つで、女性専用サロンの『kapua』。
同店は「キャリアのある女性スタッフが輝き続けられるサロン」を目指しています。
休眠ママ美容師2名が再就職を希望したほど、女性の働きやすさにつながる工夫とは？

▶ マネージャーに interview

『Bee-Ms』の岐阜エリア5店舗の
統括マネージャー兼
スタイリストの棚橋晃也さん。

 女性専用サロン『kapua』が生まれた
背景は？

A. スタッフを永続雇用したい、
業界と地域に貢献したいとの想いから

　会社が『kapua』をつくった理由は、スタッフの永続雇用と、8割以上を占める女性が「将来も働き続けたい」と思えるような会社になりたいと考えたから。また、「休眠美容師の受け皿をつくりたい」「雇用により地域に貢献したい」との想いもありました。実際、同店ができたことで2名のママ美容師が復職の道を選択。岐阜に住む4名のママ保育士を採用することができました。このサロンが少しでも、スタッフやサロンの未来につながる存在に、そして美容業界や地域の活性に役立つ存在になれればと考えています。

 今後取り組みたいことは？

A. 若手が多い店舗の近くで、
女性専用サロンを増やしたい

　若手が多く働く店舗の近くに『kapua』の店舗数を増やしていきたいですね。キャリアのある女性スタッフは、ハイクオリティ＆ハイスピード。限られた時間の中で「いかにお客さまに喜んでいただくか、高い技術を提供するか」を常に考えながら仕事と向き合っています。互いのサロンが近くにあることで、ママが欠勤した際にヘルプに入ってもらえるし、ヘルプに入った若手も優れた技術を学ぶことができると思います。さらに、若手の女性スタッフはこの会社で働き続けられることをイメージしてもらえるのではないでしょうか。

PART 3　お客さまを大切にする

PICK UP 1

ママが欠勤した際に全員でフォローできるよう、当日予約を推進し、お客さまを「店につける」

どんな取り組み？

翌日以降の予約が9割以上を占めるサロンが多い中、同店はお客さまの7割が当日予約。当日予約はフリー予約可＆指名料無料、翌日以降の予約は指名のみ＆指名料1,000円にて受付。翌日以降の予約を有料化することで、当日予約のお客さまが中心となるよう工夫している。

高いレベルの施術や接客を気軽に受けられる同店は、忙しい大人の女性のお客さまに大好評。オープン当初から黒字を実現している。

メリットは？

ベテラン揃いで、どのスタイリストからもハイレベルな施術を受けられることが強みの同店。そのため、スタイリストを問わないお客さまは多いが、当日に予約されるお客さまは特に、来店時間を最優先に考える方が多い。「お客さまをスタッフではなくサロンにつけることで、急遽スタッフが欠勤した際も、お客さまへのご迷惑を最小限におさえることができます。また、当日にスケジュールを調整しやすいので、急に休みになったスタッフのフォローをスムーズに行えます」とマネージャーの棚橋さん。

欠勤したママをしっかりサポートするために生まれた当日予約推進の取り組みは、「急に時間ができたときに気軽に予約できて便利」とお客さまにも好評。この利用しやすさが、多くのリピーター獲得につながっている。

PICK UP 2

「女性専用サロン」は、全員ベテラン&ママスタッフ。
働きやすさに加えて、オトナ女性の集客も実現

どんな取り組み？

女性のお客さまのみを対象とした「女性専用サロン」は、スタッフも女性のみ。7名のスタイリストは全員ママで、キャリア12年以上のベテランスタッフのみで構成されている。「家庭も仕事も大切」と考えているスタッフたち。個々の働き方に対する理解度は深く、働きやすさにつながっている。

全員が参加するミーティングや講習会は、いつも時短やシフトの関係で顔を合わせられないスタッフ同士が交流できる場にも。

メリットは？

「同世代であるベテランスタッフの存在により、40代〜50代のお客さまも多数ご来店いただいています」とマネージャーの棚橋さん。同じエリアにある若手の多い店舗は、20代〜30代のお客さまが中心。他店舗と異なる年齢層のお客さまにアプローチできており、集客を成功させつつ、グループに「各年代のお客さまに合ったサロンが提供できる」という新たな強みももたらしている。

PICK UP 3
「働きたくても働けない」をなくすべく、
サロン内に無料の託児所を設置

同グループでは2年前から無料託児所の取り組みを実施しており、『kapua』は2店舗目にあたる。在籍している4名の保育士の中には、もともとお客さまだったママも。

メリットは？

「子どもの預け先がなく働けない」という悩みを解消することで、スタッフは出産後、保育所の都合ではなく「自分が働きたいとき」に復職できる。また、大切な子どもの存在をそばで感じながら、仲間である保育士に任せられるので、安心して仕事に集中できる。「サロンにスタッフがいないとお客さまに来ていただけない。働きたいと考えるママが働ける環境を提供することは、サロンの成長のためにも大切なことだと考えています」とマネージャーの棚橋さん。

どんな取り組み？

スタッフ専用の託児所をサロンに設置。営業時間に合わせ、9:00～17:00の間、子どもを預けることができる。スタッフは雇用形態を問わず、全員、無料で利用可能。子どもは、サロンに在籍するパート勤務のママ保育士に見てもらえる。

salon data

kapua	カプア
住所	岐阜県岐阜市八代
創業年	2015年(『kapua』ブランド)
店舗数	2店舗(『kapua』ブランド)
スタッフ数	8名(取材店舗)

MerryLand 自由が丘
@ 東京都世田谷区

06

#全スタッフ51名〜
#6〜10店舗
#産休　#育休
#時短勤務　#失客対策

急な欠勤でもお客さまに迷惑をかけない万全のフォロー体制づくり

東京・自由が丘にある『MerryLand』はスタッフ教育に力を入れているサロン。全9店舗あり、その中でも人気スタイリストの妊娠をきっかけに、手探りで制度づくりに取り組んだ自由が丘店では、ママスタイリスト2名が活躍中。そのゼロからはじまった取り組みを取材しました。

▶ マネージャーに interview

『MerryLand』
サロンマネージャーの
MAKIさん。

Q. 女性スタイリストの結婚や出産を目前に悩むオーナーの方々へアドバイスは？

A. 自分の利益だけを求めたら絶対にうまくいかない

　悩むならまず実行してみて欲しいです。そのスタッフに辞めて欲しくないのであれば条件をのんだほうがいいし、本当に彼女のことを思っているんだったらしてあげるべき。サロンは人が財産。現金主義にならずに、たとえばスタッフの子育てが落ち着くまでの数年、自分のいい生活を我慢すれば雇えるはずなんです。結果、それが先々の売上げにつながれば店にとってもプラスになる。「実行」を選択をすることは先行投資でもあるし、一生働きたいという人に対して、少しでも希望を与えられるんじゃないかなと思います。

Q. 周囲のスタッフの理解を得るには？

A. スタッフを集めてきちんと想いを伝えること、それしかない

　私の場合、制度をつくる際はオーナーと話して決めましたが、サロンスタッフにも説明し、意見を聞きました。彼らにとっても一緒に働いていた仲間のこと、反対はなかったですね。特に女性のスタッフには、みんなが今後、同じような立場になっても働けるような環境をつくっていきたいとちゃんと伝える。それしかないと思います。

PICK UP

ママスタッフもお客さまもケアできる、
急な早退や欠勤のフォロー体制

どんな制度？

ママスタッフたちにとっての悩みは、子どもの病気で急な早退や欠勤を強いられる状況がしばしばあること。そのときは指名の予約が入っていても休むようにし、スタッフが予約しているお客さまに欠勤の連絡をするフォロー体制に。ほかのスタイリストの提案や日程変更のお願いをしている。もし連絡がつかずにお客さまが来店し、日程を変更した場合はシャンプーブローをサービス。店全体でカバーできるような体制をとっている。

周りのスタッフの協力を得るには？

福利厚生の一環として、スタッフの家族も招いて夏にBBQを開催。水かけごっこをするなどスタッフと子どもたちの自然なコミュニケーションが生まれている。逆にママスタッフ側も、日曜に結婚式に出たいというスタッフがいれば、家族に相談して出勤するなど協力。オーナーの「スタッフとその家族が物心両面で幸せになれるような会社をつくりたい」という想いが、スタッフにも伝わっているようだ。

現在はママスタイリスト2名が活躍。「ずっと続けます」と力強い言葉。

---

salon data

MerryLand 自由が丘　メリーランド ジユウガオカ

- 住所　▶ 東京都世田谷区奥沢
- 創業年　▶ 1977年
- 店舗数　▶ 9店舗
- スタッフ数　▶ 8名（取材店舗）

column
オーナーの取り組みきっかけ

case 4
伊藤博之さん[Natural]の場合

その背中に憧れた

アシスタントのいない、女性が働きやすい環境をつくっている『Natural』オーナーの伊藤さんの取り組みきっかけは？

『Natural』の取り組み内容はP.60へ！

PART 4

産休・育休・復帰後の労務マメ知識

サロンを経営していく上で欠かせない、
労務の制度や法律の基本知識があります。
難しくても、スタッフにとって
より良いサロンの環境づくりをするためには、
避けては通れないものばかり。ここでは特に
産休・育休・復帰後に関する内容について触れています。

その1 産休・育休について正しく知ろう

正確な「産休」「育休」のルール

女性スタッフが出産や育児をする際に、オーナーはどうすればよいのでしょうか。まずは休みに関わる産休・育休について基本事項を正しく知っておきましょう。

✓ POINT 1

産休は「産前は請求があれば」、「産後は必ず」休ませなければならない

　一般的に言われる「産休」は、正しくは「産前産後休業」と言います（以下、まとめて呼ぶ場合は「産休」とします）。妊婦になった女性スタッフをいつから休ませ、産後はいつまで休ませなければならないかは、労働基準法で決められています。産前は出産予定日の6週間前から（出産予定日を含め）、産後は出産の翌日から8週間が該当し、以下の図のようになります。

産前休業 6週間（42日） ※多胎妊娠の場合は14週間（98日） / 出産日 / 産後休業 出産後6週間（42日） ※多胎妊娠の場合は14週間（98日） / 産後休業 ＋2週間（14日）
Ⓐ / Ⓑ / Ⓒ

ここでポイントとなるのが、ＡＢＣの期間でそれぞれ要件が異なることです。

Ⓐ 産前休業
- 本人から「休みたい」と請求があったら働かせてはならない。
- 本人が請求した場合、軽易な業務に転換させなければならない。
- 保健指導又は健康診査（健診）を受診するために必要な時間を確保しなければならない。
  >>> 詳しくは、厚生労働省HP「働く女性の母性健康管理措置、母性保護規定について」
  （http://www.mhlw.go.jp/bunya/koyoukintou/seisaku05/01.html）をご覧ください。

Ⓑ 産後休業（出産後8週間を経過しない場合）
- 本人が「働きたい」と言っても働かせてはいけない。

Ⓒ 産後休業（産後6週間を経過した場合）
- 本人が請求し、医師が支障がないと認めた業務に限り、働かせてもいい。

つまり、産前6週間以内に出産予定の女性が休業を請求した場合には働かせてはいけません。また産後については、原則として産後8週間を経過しない女性は本人が働きたいと言っても働かせてはいけません（Ⓑ）。ただし、例外措置として「産後6週間を経過した女性が請求した場合で、医師が支障がないと認めた業務については働かせることができる（Ⓒ）」ということです。

産前産後の休業期間は、母体である女性の体と健康を守るための制度。スタッフからの請求の有無にかかわらず、なるべくどちらの期間も休ませることが望ましいです。経済的な理由などで本人が「出産ギリギリまで働きたい」と言った場合は、きちんと話し合って、主治医の診断証明書を持ってきてもらうなど、本人の気持ちに体が追いついているか確認するようにしましょう。

> **Q. 産休はパートのスタッフでも取れるの？**
>
> 産休はすべての女性労働者に該当するものなので、正社員、パートの違いは関係なく、誰でも取得できる休業です。パートのスタッフでも上記の要件と同様に休ませなければなりません。

✓ POINT 2

育休は申請があったら休ませる休業

いわゆる「育休」は正しくは「育児休業」といいます（以下「育休」）。育児休業は、1歳未満の子どもを養育するスタッフが申し出をしてきた場合に、休ませなければならない制度で、育児・介護休業法という法律で定められています。

期間については、以下の図のようになります。

| 産後休業 出産後8週間まで | 育児休業（原則） 子どもが1歳になるまでの期間で本人が申し出をした期間（誕生日の前日まで） | 育児休業（延長） 子どもが1歳6ヵ月になるまで |

※出産したスタッフが夫婦ともに育児休業を取得する場合は、子どもが1歳2ヵ月になるまで取得可能な制度もあります（パパ・ママ育休プラス）。ただし、その場合、夫婦1人ずつが取得できる期間の上限は、父親は1年間、母親は出産日・産後休業期間を含む1年間と決められています。

女性スタッフが妊娠して出産し、本人から申請があれば、最長で1年または特別な場合（※ P.130）には1年6ヵ月の間そのスタッフは休むことになります。おめでたいことですが、オーナーにとっては貴重な戦力が一時的に欠員する期間。スタッフの妊娠がわかった時点で本人の意向を確認し、引継ぎなどサロンの運営をどうするかをきちんと話し合って検討することが大事です。本人を含め、サロンのスタッフ全員が心理的にも肉体的にも負担にならないように、早めに計画を立ててサロン全体で協力できる体制をつくるとよいでしょう。

（※）特別な場合とは次の2つを指します。①保育所などにおける保育の利用を希望し、申込みを行なっているが、1歳に達する日後の期間について、当面その実施が行なわれない場合。②常態として子の養育を行なっている配偶者（育児休業に係る子のもう1人の親である者）であって、1歳に達する日後の期間について常態として子の養育を行なう予定であった者が死亡、負傷・疾病等、離婚等により子を養育することができなくなった場合。

また、育休中も雇用形態は育休前（産休前）の状態が続きます。本人の希望で妊娠・出産の際に一度退職し、その後また再雇用された場合の働いていない期間を「育休」と思っている人もいるようですが、それは個人的な「育児で仕事を休んでいた期間」であり、法律上の育休ではありません。

Q. 育休はパートでもとれるの？

産休とは異なり、労働契約期間を定めて雇用しているパートスタッフには育休を取れる条件があり、申し出時点で以下の要件を満たすパートスタッフは育休を申請し取得することができます。

　　①同一の事業主に引き続き雇用された期間が1年以上雇用されていること。
　　②子どもが 歳6カ月になるまでの間に労働契約期間が満了し、かつ、労働契約の更新がないことが明らかである者を除く。

また労使協定がある場合には、以下要件に該当すると、正社員であっても育休を取得できません。

　　①雇用された期間が1年未満
　　②1年以内に雇用関係が終了することが明らか（育休の申し出時点）
　　③週の所定労働日数が2日以下

その他、日々雇用される方も育休を取得できません。
パートスタッフの産休・育休の要件について、詳しくは下記をご参照ください。
>>> 厚生労働省「あなたも取れる！産休＆育休」
(http://www.mhlw.go.jp/bunya/koyoukintou/pamphlet/dl/31.pdf)

✓ POINT 3
産休、育休以外にも女性を休ませるべき決まりがある

　産休や育休以外にも、女性スタッフから申請があった場合に休ませなければならない制度がいくつかあります。

　その1つが「生理休暇」。生理中に働くことが困難な女性スタッフが申請した場合、オーナーは休暇をとらせなければなりません。

　また、妊娠中の女性スタッフに対して、産休になる前に休ませなければならない場合があります。女性スタッフは出産までに定期的に産婦人科などで健診を受けることになりますが、男女雇用機会均等法で、その通院時間を確保することが雇用主に義務づけられています。たとえば、妊娠23週までは4週間に1回など、スタッフの妊娠週数によって確保させるべき回数が異なります。

　ほかにも女性スタッフの母性健康管理に関わる規定がいくつかありますので、詳しくは下記を参照してください。

>>> 厚生労働省「女性労働者の母性健康管理のために」
(http://www.mhlw.go.jp/bunya/koyoukintou/seisaku05/pdf/seisaku05e.pdf)

Q. 女性スタッフを休ませたときは有給？ 無給？

生理休暇や通院時間の確保のために女性スタッフが休んだ場合、有給にするか無給にするかはサロンの自由です。就業規則できちんと決めておきましょう。また、産休や育休中も同様ですが、産休・育休中にサロンから賃金が支払われない間は、女性スタッフはさまざまな手当を受け取ることができます。

その2 産休・育休中のお金について知ろう

産休・育休中のスタッフの手当は「社会保険」次第

その1では、女性スタッフが妊娠・出産した場合の休みなど、女性特有の休業や休暇について解説しました。
その2では、その期間に関わるお金についてお伝えします。

✓ POINT 1

出産したスタッフには、「協会けんぽ」などからお金が支払われる

一定の条件を満たしていれば、出産したスタッフがもらえる手当が2つあります。

① 出産手当金

- ●何のため？ ⇒ 産前産後休業（以下「産休」）中のスタッフの生活を守るための手当です。
- ●条件は？ ⇒ サロンも該当スタッフも健康保険に加入していること。ただし、「協会けんぽ」の場合には退職後に出産した場合でも次の全ての条件に該当している場合には、出産手当を受けることができます。
  ・資格喪失の日の前日（退職日等）まで被保険者期間が継続して1年以上あること
  ・被保険者の資格喪失の日の前日に、現に出産手当金の支給を受けているか、受けられる状態（出産日以前42日目が加入期間であること、かつ、退職日は出勤していないこと）
- ●誰が払う？ ⇒ サロンが加入している「健康保険組合」や「協会けんぽ」など
- ●対象期間は？ ⇒ 出産前後の休業した日数（休日も含む）
- ●支給される金額は？
⇒支給開始日以前の継続した12ヵ月間の各月の標準報酬月額を平均した額÷30日×3分の2
　例1）支給開始日以前に12ヵ月の標準報酬月額がある場合

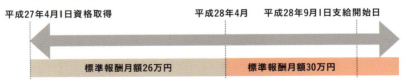

支給開始日以前の12ヵ月（平成27年10月～平成28年9月）の各月の標準報酬月額を合算して平均額を算出します。
（26万円×6ヵ月＋30万円×6ヵ月）÷12ヵ月÷30日×3分の2＝6,220円
6,220円×（42日＋56日）＝609,560円 ⇒ このスタッフに支給される出産手当金の額

例2）支給開始日以前の期間が12ヵ月に満たない場合

①支給開始日の属する月以前の継続した各月の標準報酬月額の平均額
②28万円（当該年度の前年度9月30日における全被保険者の同月の標準報酬月額を平均した額）
※「協会けんぽ」東京支部

①と②を比べて少ないほうの額を使用して計算します。
例2の場合、①が少ないため①を使用して計算します。
（26万円×9ヵ月）÷9ヵ月÷30日×3分の2＝5,780円
5,780円×（42日＋56日）＝566,440円 ⇒ このスタッフに支給される出産手当金の額

●**オーナーがすることは？** ⇒ 出産したスタッフに申請書を渡し、スタッフが申請書に医療機関から出産の認証等を受けた後、オーナーが捺印等をして「協会けんぽ」などに申請書を提出します。

　ただし、会社を休んだ日について給与の支払いがあって、その給与が出産手当金の額より少ない場合は、出産手当金と給与の差額が出産手当金として支給されます。また、サロンが健康保険に加入せず、国民健康保険に加入しているスタッフも「出産手当金」は支給されません。

② 出産育児一時金

●**何のため？** ⇒ 出産にかかる医療費の負担を軽減するための手当です。
●**条件は？** ⇒ サロンも該当スタッフも健康保険に加入していること。ただし、「協会けんぽ」の場合には退職後に出産した場合でも次の全ての条件に該当している場合には、出産育児一時金を受けることができます。
　・妊娠4ヵ月（85日）以降の出産であること。
　・資格喪失日の前日（退職日）までに継続して1年以上被保険者期間（任意継続被保険者期間は除く）があること。
　・資格喪失後（退職日の翌日）から6ヵ月以内の出産であること
●**誰が払う？** ⇒ サロンが加入している「健康保険組合」や「協会けんぽ」など、または各自治体。
●**支給される金額は？** ⇒ 子どもひとりにつき原則42万円
●**オーナーがすることは？** ⇒ 直接支払制度（※）を利用する場合には特にありません。
　（※）出産前に被保険者等と医療機関等が出産育児一時金の支給申請及び受取りに係る契約を結び、医療機関等が被保険者等に代わって「協会けんぽ」に出産育児一時金の申請を行ない、直接、出産育児一時金の支給を受けることができる制度です。つまり、出産した人が病院の窓口で入院費などを払わなくて良い制度です。

「出産手当金」や「出産育児一時金」をサロンが支払わねばならないと思っている人がいますが、そうではありません。ただし、サロンが健康保険に加入していないとスタッフが「出産手当金」をもらうことができません。

> **Q.**「出産手当金」や「出産育児一時金」はパートのスタッフでももらえるの？
>
> 「出産手当金」や「出産育児一時金」をもらえるかどうかは、健康保険に加入しているかで決まります。パートのスタッフでも健康保険に加入していれば「出産手当金」を受け取ることができます。また、サロンの健康保険には加入していなくても国民健康保険に加入していれば「出産育児一時金」をもらうことができます（国民健康保険の場合は、「出産手当金」はもらえません）。

✓ POINT 2
育休中のスタッフにはハローワークから「育児休業給付金」が支給される

「育児休業給付金」とは、育児のために働くことができないスタッフが、育児休業中にもらうことのできるお金です。スタッフが育児休業給付金をもらうための要件は以下の通りです。

● 条件は？
⇒ 雇用保険に加入しているスタッフが、休業開始前の2年間に賃金支払基礎日数11日以上ある完全月（過去に基本手当の受給資格決定を受けたことがある方については、その後のものに限ります。）が12ヵ月以上あること。

● 誰が払う？
⇒ ハローワーク。

● 対象期間は？
⇒ 育休を取得している期間（休日も含む）。

● 支給される金額は？
⇒ 休業開始時の賃金日額×支給日数×67％（ただし、育休開始6カ月経過以降は50％）。
　例）月給23万円のスタッフの場合
　　育休開始時賃金日額＝23万円×6ヵ月÷180日＝7,666円
　　・最初の6ヵ月→7,666円×30日×67％＝154,086円/月
　　・6ヵ月経過後→7,666円×30日×50％＝114,990円/月
　　※支給の単位はすべて「30日」として計算します。※支給額には上限があります。

● オーナーがすることは？
⇒ 申請書を該当スタッフに渡し、スタッフが署名捺印した申請書と確認書類を受け取り、管轄のハローワークに提出します。
※初回は育休開始日から4ヵ月後の月末までに手続きを行ない、2回目以降は原則2ヵ月に1回申請します。

ただし、育休中でもサロンがスタッフに給与を支払っている場合は、支給額が減額されたり、または支給されない場合があります。詳しくは、下記をご参照ください。
>>> 厚生労働省「育児休業給付の内容及び支給申請手続について」
(https://www.hellowork.go.jp/dbps_data/_material_/localhost/doc/ikuji_kyufu.pdf)

> **Q.** 「育児休業給付金」はパートでももらえる？
>
> 「育児休業給付金」が支給されるポイントは、育休を取得できる資格があることと、雇用保険に入っていること。その1でお伝えした育休を取れる条件に当てはまっていて、雇用保険に加入していれば支給されます。

✓ POINT 3
産休、育休中のスタッフの社会保険の保険料は免除

産休や育休に入っていても、労働保険や社会保険に加入しているスタッフの保障はそのまま続きます。

保険料の負担については、休業に入っているスタッフは休んでいる期間の社会保険の保険料負担が免除になります。

オーナー側も、健康保険と厚生年金保険の事業主負担分は免除されます。雇用保険についても、産休や育休中に給与を払っていなければ保険料は発生しないので、そのスタッフ分の保険料を納める必要はありません。

> **Q.** 保険料が免除される期間分のスタッフの年金はどうなる？
>
> 産休や育休期間中に厚生年金保険の保険料が免除された期間分も、そのスタッフが将来受け取る年金額に反映されますので大丈夫です。少子化対策として、子どもを産む女性が働けない期間の保険料を国が保障しているということです。ただし、手続きは必要です。

✓ POINT 4
スタッフが育児休業すると事業主がもらえる助成金がある

上記で解説した手当などは、出産や育児をしている女性スタッフが受け取るお金でしたが、育児をしているスタッフを雇うサロンがもらえるお金もあります。国や自治体が少子化対策のために、従業員

の育児と仕事の両立支援に積極的に取り組む事業主を援助するために支給する助成金です。

　助成金の種類と内容は毎年変わるため、インターネットで「両立支援　厚生労働省」や、「両立支援　助成金　○○県（サロンのある都道府県名）」で検索して調べるとよいでしょう。

　平成28年（2016年）4月現在で設定されている助成金の一例の概要をご紹介します（いずれも詳細は厚生労働省のHPを参照ください）。

「出生時両立支援助成金」

●誰がもらえる？
⇒男性労働者が育児休業を取得しやすい職場風土づくりのための取り組みを行ない、男性労働者に一定の育児休業を取得させた事業主。

●どうしたらもらえる？
⇒子どもが生まれてから8週間以内に育休を開始した男性社員が、14日以上育休を取得した場合。
※ただし、過去3年以内に男性の育児休業取得者が出ている事業主は対象外。
※支給対象となるのは、1年度につき1人まで。

●いくらもらえる？
⇒（中小企業の場合）
　　取り組み及び育休1人目：60万円
　　2人目以降　：15万円

「中小企業両立支援助成金 代替要員確保コース」

●誰がもらえる？
⇒育児休業取得者の代替要員を確保し、育児休業を3ヵ月以上利用した労働者を原職等に復帰させ、復帰後6ヵ月以上雇用した中小企業事業主。

●いくらもらえる？
⇒育児休業取得者1人当たり：50万円
※育児休業取得者の原職等復帰日（育児休業終了日の翌日）から起算して6ヵ月を経過する日が、平成28年（2016年）4月1日以降の場合
※育児休業取得者がパートなど期間雇用者の場合は10万円加算。
※当該期間雇用者が雇用期間の定めのない労働者として復職した場合はさらに10万円加算。

●支給対象期間は？
⇒最初の支給対象労働者の原職等復帰日から起算して6ヵ月を経過する日の翌日から5年以内

●上限人数
⇒1年度（各年の4月1日から翌年の3月31日まで）に延べ10人

Q. 助成金はどうやってもらうの？

助成金について詳しくは、各都道府県の「労働局雇用均等室」にお問い合わせください。

育児で早く帰るスタッフは、パートにしてもいい?

ここまで女性スタッフが妊娠・出産した場合の休みや、その期間にかかわるお金についてお伝えしました。その3は産休や育休から復帰したスタッフの働き方について解説していきます。

✓ POINT 1

復職後の働き方は、事前に話し合いが必要

　産前産後休業や育児休業からスタッフが復帰する場合、原則として職務や雇用形態、労働時間、賃金などは、休業に入る前の原職に復帰させることを法で促しているように思われます。ただし、原職以外に復帰させたとしても本人が同意し、一般的労働者が同意する合理的理由が客観的に存在すれば不利益な取り扱いにはなりません。注意する点としては、サロン側から変更を強要してはいけないということです。

　出産後の生活のイメージは、子どもを産んだ後でないとなかなかできないものです。出産前は以前と同じように働くことを本人が希望していても、いざ子育てがはじまると思うようにいかないことはよくあることです。また、保育園に入園できずに復帰時期が延びることも珍しくありません。

　オーナーの準備としては、まず、復職するスタッフの働き方に関する規定を整備しておきます。次に、出産したスタッフの復帰のめどがついた頃に話し合いをして、本人の希望を聞きます。そして、希望を反映した復帰後の条件を提示し、本人の合意を得られたら復職後の「雇用形態」「労働時間」「賃金」などを書面にしましょう。しっかりと手順を踏むことで、無用なトラブルが回避できます。

> 本人だけでなくほかのスタッフへのフォローも大事!

　休んでいたスタッフの復職時は、本人のフォローとともに、その間サロンを守ってきたほかのスタッフのフォローも大切です。もともと仲間だったスタッフの復帰とはいえ、ママとなったスタッフが以前と全く同じように働けるとは限りません。子どもの発熱によって早退を余儀なくされることは最もよくあることです。そうした起こりえる事態などを周囲のスタッフにもあらかじめ説明するなど、お互いに気持ちよく働ける雰囲気づくりをオーナーが率先して心がけたいものです。

✓ POINT 2
短時間勤務制度を設定しなければならない

　産休や育休から復職したスタッフや、3歳未満の子どもを育てているスタッフについては、育児・介護休業法で短時間勤務制度が義務づけられています。短時間勤務制度は実は法的な解釈が非常に難しい制度です。1つの考え方としてご説明すると、利用するスタッフの1日の所定労働時間は、原則として6時間とします。また就業規則にも「1日の所定労働時間は、原則として6時間とする」と規定します。就業規則でそのように明記しておけば、本人から6時間以外で働きたいと希望があった場合、6時間以外の労働時間を予め就業規則で設定することも可能です。実際の運用が難しいと思ったら、社会保険労務士に相談することが無難です。

　また、法律上では子どもが3歳未満の場合となっていますが、サロンとスタッフの話し合いによって、3歳を超えて短時間勤務をすることも可能です。

　短時間勤務であっても雇用形態はもとのままです。短時間勤務になるからといって本人の希望がないのに正社員をパートに替えてはいけません。

　また、本人の合意のもとで決められた時間以上に勤務した日は、超えた分の残業代を支払わなくてはいけません。

Q.「短時間勤務制度」はパートも適用される？

　パートでも法律により、日々雇用される者や1週間の所定労働時間が1日6時間以下の者は除外されます。つまり、短時間勤務制度の対象者にはなりませんので注意してください。

　また、労働者の過半数を代表する者との書面による労使協定がある場合には、次の者も短時間勤務制度の対象者から除かれます。
- 当該事業主に引き続き雇用された期間が1年に満たない従業員
- 1週間の所定労働日数が2日以下の従業員
- 業務の性質又は業務の実施体制に照らして、短時間勤務制度を講ずることが困難と認められる業務に従事する従業員

✓ POINT 3
育児中のスタッフは
さまざまな制度で守られている

　POINT2の「短時間勤務」以外にも、子育て中のスタッフは育児・介護休業法により、さまざまな制度で守られています。その例をご紹介します。以下の例はいずれも、女性だけでなく男性スタッフにも適用されます。

所定労働時間の制限
　事業主は、3歳未満の子どもを養育するスタッフから請求があった場合は、所定外労働をさせてはいけません。

子の看護休暇
　小学校入学前の子どもを養育するスタッフは、会社に申し出ることにより、年次有給休暇とは別に1年につき子どもが1人なら5日まで、子が2人以上なら10日まで、病気やけがをした子どもの看護、予防接種及び健康診断のために休暇を取得することができます。また申し出があれば半日単位での取得が可能になりました（1日の所定労働時間が4時間以下の労働者は半日単位での取得はできません）。有給にするか無給にするかは各サロンの規定によります。

時間外労働、深夜業の制限
　小学校入学前の子どもを養育するスタッフから請求があった場合は、事業の正常な運営を妨げる場合を除いて、1ヵ月に24時間、1年に150時間を超える時間外労働をさせてはいけません。
　また、スタッフから請求があった場合は、事業の正常な運営を妨げる場合を除いて、深夜（午後10時から午前5時まで）に労働させてはいけません。

Q. 本人から請求や申し出がなければ時間外労働などをさせてもいいの？

上記の制度はいずれも「子育てをするスタッフから請求または申し出があった場合」などとなっていますので、スタッフから請求または申し出がない場合は、他のスタッフと同様に勤務することができます。ただし、労働基準法で決められた労働時間内であることが大前提です。

#タグ索引

スタッフ数

全スタッフ10名以下
- p58　dowku
- p60　Natural

全スタッフ11〜50名
- p12　ex-fa hair origin
- p30　MOK
- p34　RizE
- p44　Daisy
- p68　ROUGE(Blanc)
- p72　Ange Lavie
- p76　pikA icHi
- p82　formage
- p86　Acotto
- p92　one's by bico
- p98　JILL BY GIEN
- p102　HAIR COPAIN
- p106　JUNES HARAJUKU

全スタッフ51名〜
- p18　MASHU ADOBE
- p24　serio anjo
- p38　Ramie
- p40　BIGOUDI salon
- p48　tip・top 吉祥寺店
- p50　SNIPS CAOS
- p54　アトリエ cocoanne
- p64　apish
- p88　花やの前の美容室 甲斐篠原店
- p96　HAIR TIME rest

- p112　little ginza
- p114　kakimoto arms 六本木ヒルズ店
- p118　L-Blossom 常盤台店
- p120　kapua
- p124　MerryLand 自由が丘

店舗数

1〜2店舗
- p44　Daisy
- p58　dowku
- p60　Natural

3〜5店舗
- p12　ex-fa hair origin
- p30　MOK
- p34　RizE
- p50　SNIPS CAOS
- p68　ROUGE(Blanc)
- p86　Acotto
- p92　one's by bico
- p98　JILL BY GIEN
- p102　HAIR COPAIN

6〜10店舗
- p18　MASHU ADOBE
- p38　Ramie
- p40　BIGOUDI salon
- p64　apish
- p76　pikA icHi
- p82　formage

#産休、#育休、#時短勤務については全サロンが行なっているため、ここでは除いています。

p88	花やの前の美容室 甲斐篠原店
p96	HAIR TIME rest
p106	JUNES HARAJUKU
p124	MerryLand 自由が丘

Ⅱ店舗〜

p24	serio anjo
p48	tip・top 吉祥寺店
p54	アトリエ cocoanne
p72	Ange Lavie
p112	little ginza
p114	kakimoto arms 六本木ヒルズ店
p118	L-Blossom 常盤台店
p120	kapua

制度や取り組み

選べる雇用・勤務形態

p12	ex-fa hair origin
p18	MASHU ADOBE
p24	serio anjo
p30	MOK
p34	RizE
p38	Ramie
p40	BIGOUDI salon
p44	Daisy
p48	tip・top 吉祥寺店
p50	SNIPS CAOS
p54	アトリエ cocoanne
p58	dowku
p60	Natural

p64	apish
p68	ROUGE（Blanc）
p76	pikA icHi
p82	formage
p86	Acotto
p88	花やの前の美容室 甲斐篠原店
p92	one's by bico
p96	HAIR TIME rest
p98	JILL BY GIEN
p102	HAIR COPAIN
p106	JUNES HARAJUKU
p114	kakimoto arms 六本木ヒルズ店

キャリア（キャリアの選択肢を増やす）

p12	ex-fa hair origin
p30	MOK
p34	RizE
p48	tip・top 吉祥寺店
p50	SNIPS CAOS
p54	アトリエ cocoanne
p60	Natural
p64	apish
p98	JILL BY GIEN
p102	HAIR COPAIN
p114	kakimoto arms 六本木ヒルズ店

キャリアメンター（ママの相談・サポート体制）

p24	serio anjo
p54	アトリエ cocoanne
p64	apish

#タグ索引

協力し合える風土づくり
- p30　MOK
- p38　Ramie
- p40　BIGOUDI salon
- p44　Daisy
- p76　pikA icHi
- p82　formage
- p86　Acotto
- p88　花やの前の美容室 甲斐篠原店
- p98　JILL BY GIEN
- p114　kakimoto arms 六本木ヒルズ店

経済的補助あり
- p12　ex-fa hair origin
- p24　serio anjo
- p54　アトリエ cocoanne
- p58　dowku
- p60　Natural
- p68　ROUGE（Blanc）
- p72　Ange Lavie
- p82　formage
- p92　one's by bico

子連れ出勤可
- p68　ROUGE（Blanc）

失客対策
- p40　BIGOUDI salon
- p44　Daisy
- p50　SNIPS CAOS
- p68　ROUGE（Blanc）
- p106　JUNES HARAJUKU

(continued)
- p112　little ginza
- p114　kakimoto arms 六本木ヒルズ店
- p120　kapua
- p124　MerryLand 自由が丘

託児所
- p18　MASHU ADOBE
- p34　RizE
- p88　花やの前の美容室 甲斐篠原店
- p120　kapua

ブランク解消のフォロー
- p54　アトリエ cocoanne

ママ会（ママ同士のコミュニティづくり）
- p88　花やの前の美容室 甲斐篠原店
- p96　HAIR TIME rest

ママのみサロン
- p12　ex-fa hair origin
- p64　apish
- p120　kapua

練習会は朝
- p44　Daisy
- p98　JILL BY GIEN

おわりに

本書を最後まで読んでいただき、ありがとうございました。ママ美容師が輝くための取り組みをされている30サロンを紹介させていただきましたが、ご自身のサロンでも取り組めそうな内容はあったでしょうか。

今回はできるだけさまざまなバリエーションをご紹介したつもりですが、それでもご紹介できたのはまだまだほんの一部です（ホットペッパービューティーアカデミーのWEBサイトにて、「女性が活躍するサロン100」という記事で全国約100サロンを紹介しております。ぜひご参照ください）。しかし、これらのサロンに共通して言えることは、"オーナーに「女性活躍に何としても取り組む」という覚悟がある"ということだと思います。

私自身、企業の人事として10年近く働いてきた経験があり、また子どもを持って働くママでもあります。美容業界と関わるようになって、女性活躍に悩んでいるオーナーの声を、本当にたくさん聞く機会がありました。オーナー側の気持ちも、ママ側の気持ちも、共感できる部分が多々ありました。オーナーにとっても、ママにとっても、他のスタッフにとっても、最初の一歩を踏み出すには、いろいろな不安や困難があることでしょう。そして一歩を踏み出したからといって、すぐにはうまくいかないこともあります。それでも、意思を持ちながら続けていれば、少しずつ結果が出てくるはずです。そしてその結果として、Introductionでご紹介したようにサロンにたくさんのメリットが生まれてきます。

本書が、少しでもその「最初の一歩」を踏み出すためのお手伝いになれば、こんなに嬉しいことはありません。ホットペッパービューティーアカデミーも、この本をひとつのステップとして、今後も継続的に美容業界の女性活躍推進に取り組んでいきたいと思っています。

最後に、本書出版のためにご協力いただきました、たくさんのサロンの皆さま、女性モード社の寺口さん、小林さん、関係各所の皆さま、本当にありがとうございました。

ホットペッパービューティーアカデミー
研究員
白尾瑞希

著者プロフィール

齋藤陽子

さいとう・ようこ／㈱リクルートライフスタイル ホットペッパービューティーアカデミー主席研究員。PR会社に勤務後、2002年入社。旅行事業、人事業務を経験後、現職。女性活躍、訪問美容、オトナ女性対応など、美容業界の課題を研究、調査し情報提供する。

白尾瑞希

しらお・みずき／㈱リクルートライフスタイル ホットペッパービューティーアカデミー研究員。2006年リクルート（現リクルートホールディングス）入社。人事部にて採用、育成、海外人事業務などを経験後、現職。女性活躍に関する調査研究、美容業界向けオンラインセミナー開発などに従事。

※本書は、ホットペッパービューティーアカデミーのWEBサイト（http://hba.beauty.hotpepper.jp/）で連載している記事を編集したものです。
※本書に掲載しているデータは、PART1,2,3は2016年9月末現在の内容、PART4は2017年1月現在の内容です。

ママ美容師がサロンを変える！
2017年1月10日 初版発行　定価1,600円＋税

著者	齋藤陽子・白尾瑞希
発行人	寺口昇孝
発行所	株式会社女性モード社
	本社／〒161-0033 東京都新宿区下落合3-15-27
	Tel.03-3953-0111　Fax.03-3953-0118
	大阪支社／〒541-0043 大阪府大阪市中央区高麗橋1-5-14-603
	Tel.06-6222-5129　Fax.06-6222-5357
印刷・製本	図書印刷株式会社
デザイン	鈴木直之
イラスト	木村吉見（表紙・4コマ漫画）
	やまもとりえ（PART1〜4）
監修（PART4）	秋田繁樹（特定社会保険労務士／秋田国際人事総研）

編集協力／猪狩裕喜子、服部美奈子
取材協力／長島佳子、平尾祐子、斉藤陽子、鈴木恵美子、加藤 愛、熊谷寛之、黒川勇人、酒井修平、鈴木暁彦、鈴木トヲル、平山 諭、松井なおみ、森若 匡、加藤淳史、岩下俊雄、宮崎 桃、金子光博、松本幸子

©Recruit Lifestyle Co.,Ltd. 2017
Published by JOSEI MODE SHA CO.,LTD.
Printed in Japan
禁無断転載